Hans Nehry

Über den Gebrauch des absoluten casus obliquus des altfranzösischen Substantivs

Hans Nehry

Über den Gebrauch des absoluten casus obliquus des altfranzösischen Substantivs

ISBN/EAN: 9783337177669

Hergestellt in Europa, USA, Kanada, Australien, Japan

Cover: Foto ©Thomas Meinert / pixelio.de

Weitere Bücher finden Sie auf **www.hansebooks.com**

Ueber den Gebrauch des absoluten Casus obliquus des altfranzösischen Substantivs.

ÜBER DEN GEBRAUCH DES ABSOLUTEN CASUS OBLIQUUS DES ALTFRANZÖSISCHEN SUBSTANTIVS.

INAUGURAL-DISSERTATION

ZUR

ERLANGUNG DER DOCTORWÜRDE

VON DER

PHILOSOPHISCHEN FACULTÄT

DER

FRIEDRICH-WILHELMS-UNIVERSITÄT ZU BERLIN

GENEHMIGT

UND

ÖFFENTLICH ZU VERTHEIDIGEN

AM 11. AUGUST 1882

VON

HANS NEHRY

AUS PERLEBERG.

OPPONENTEN:

HR. W. CLOETTA, STUD. PHIL.
HR. O. SCHULTZ, STUD. PHIL.
HR. A. SCHULZE, STUD. PHIL.

BERLIN.

BERLINER BUCHDRUCKEREI-ACTIEN-GESELLSCHAFT

SETZERINNENSCHULE DES LETTE-VEREINS.

Herrn Prof. Dr. Immanuel Schmidt

in Lichterfelde

in Verehrung und Dankbarkeit

gewidmet.

Inhalt.

(Die Zahlen beziehen sich auf die Seiten.)

Einleitendes 1.

I. Abth. Der absol. Accus. besteht aus einem einfachen od. mit attribut. Zusätzen versehenen Substantiv. 2.

A. Localer u. temporaler Accus. 2.

Analogieen der räuml. u. zeitl. Anschauung. 2.

1. Localer Accus. Verhältn. zum Lat 3; adverbielle Wendungen mit part u. lieu 4; luce, lez, chez 5; part (Praep.); obl. Ortscasus bei Verben der Bewegung 6; nfz. le long de 7; die Accus. bei aval, amont, contreval, contremont 8; dergl. bei de lone en lone 9.

2. Temporaler Accus. Auf die Frage wann? l'endemain, l'autrier; Ersatz des lat. semper 9; Jahreszahlen 10; Praepos. zum Ausdruck des wann? a u. en 11; par 12; de; mehrere Zeitangaben nebeneinander; Zeitadverbien: hui, ore 13; encore, lores, anuit, oan, lues, tempre, mar, buer 14; Ersatz der lat. Zahladverbia 15; Gebrauch von foiz u. seiner Synonyma 16.

B. Accus. des Maasses. 20.

1. Räuml. Ausdehnung. 21.
a. Accus. bei Adj., die räuml. Grösse bedeuten; parallele Ausdrucksweisen 21; b. bei Comparativen 22; c. bei loin u. pres; d. bei Verben der Bewegung die Wegesstrecke bez. 23; e. bei Verben comparativ. Begriffs die Differenz bez.; f. bei andern Verben den von einem Geschehen eingenommenen Raum bez.; g. Entfernung zw. zwei Dingen bez. 24; parallele praepos. Wendungen; à peu près etc.; a po .. ne u. a po, que .. ne 25.

2. Zeitl. Ausdehnung 26.
Accus. auf die Frage wie lange? 26; plenté, totejor, tandis; Praepos. par 27; por; Accus. auf die Frage wie lange vorher oder nachher? à temporale Entfernung bez. 28; Ersatz des lat. Ablat. auf die Frage in wie langer Zeit? Möglichkeiten das Alter zu bez. 29.

3. Wert, Preis, Gewicht. 29.
Der Accus. bei valoir u. coûter 29; Wertangaben bei valoir u. prisier: Bezeichnung der Wertlosigkeit 31; Preisangaben bei coster, vendre 33; acheter; fuer, bon marché; Gewichtsangaben; kleinste Quantitäten bei der Negationspartikel 34; nient u. rien 35. Besondre Fälle des Accus. Mens. 35; moitié-moitié etc. 36; tant mit Cardinalien; part mit Ordinale 37; Accus. des Maasses als Subject; plenté adverbial 38.

C. Modaler Accus. 39.

1. mon vuel, 2. mal gre 39; 3. merci 41; grace 43; 4. escient, 5. tesmoin 44; 6. foi 45; 7. die Adverbien, 8. Accus. der Gangart 46; faute, manque, crainte de 47.

II. Abth. Der absol. Accus. besteht aus der Bezeichnung eines Seienden, welchem in praedic. Stellung die Bestimmung seines Verhaltens in Bezug auf die Aussage des Hauptsatzes beigefügt wird 46.

A. Bestimmungen zu einem an der Thätigkeit des Hauptsatzes als Subject od. Object betheiligten Seienden 49.
1. Bestimmungen zum Subject des Hauptsatzes 49.
   a. Die praedic. Best. ist ein Part. Perf. 49; b. ein Adjectiv (uu, plein) 51; c. ein Adverb od. adverbialer Complex 52.
2. Bestimmungen zum Object des Hauptsatzes 54.
   a. Die praedicat. Best. ein Part. Perf., b. ein Adj., c. ein Adv. od. adv. Complex (tenir qn. à bras le corps), ein Part. Praes. 54.

B. Bestimmungen zum Inhalt des Hauptsatzes als einem Ganzen 55.
   a. Die praedicat. Best. ist ein Part. Praes.; oiant, veant 56; nfz. Praepositionen 57; durant, pendant 58.
   b. Die praedicat. Best. ein Part. Perf. 59; Unveränderlichkeit gewisser Part. vor ihren Beziehungsworten 60; excepté, hormis; praepositionale Participialconstr. 61; Verhältn. afz. Uebersetzer zu lat. Vorlagen 62.
   c. Die praedicat. Best. ein Adj.; présent, sauf 66; Personalpron. mit Ordinale 67.
   d. Die praedicat. Best. ein Subst. 68.
   e. Die praedicat. Best. ein adv. Ausdruck 69.
Freier Gebrauch appositiver Subst. u. Part. 69; Einschränkung des afz. absol. Cas. dem hfz. gegenüber; Character des absol. Casus 70.

Es ist mir eine liebe Pflicht, meinem hochverehrten Lehrer, Herrn Prof. Tobler, für das freundliche Interesse, welches derselbe meiner Arbeit entgegenbrachte, sowie für die gütige Bereitwilligkeit, mit welcher derselbe mir in zweifelhaften Fällen Rat ertheilte, an dieser Stelle den herzlichsten Dank auszusprechen.

Indem die französische Sprache die Zahl der lateinischen Casus auf zwei reducirte, that sie einen Schritt, der sich in der Entwicklung der alten Sprachen längst vorbereitet hatte. Schon im Lateinischen fiel die Hauptrolle in der Bezeichnung gewisser Verhältnisse, für welche ursprünglich einfache Casus genügt hatten, den Praepositionen zu, und so war es nur eine Consequenz, wenn, nach einer Zeit des Ueberganges, das Afz. seinem Streben nach Deutlichkeit und Einheitlichkeit dadurch genüge that, dass es den Praepositionen alle ihnen ihrer Bedeutung gemäss zustehenden Rechte einräumte und sich an einfachen Casus nur zwei, zunächst für die Bezeichnung des handelnden und des leidenden Seienden, bewahrte. Es blieb dabei nicht aus, dass einige Functionen der alten Casus sich dem neuen Cas. obl. erhielten, neben den auch hier, obgleich erst später, die Oberhand gewinnenden praepositionalen Wendungen. Dahin gehört die Anwendung des einfachen Cas. obl. im Sinne des possessiven Genitivs und des Dativs bei Bezeichnungen von Personen und personificirten Seienden (Diez III 140 u. 127; Clairin, du génitif latin, p. 254 ff.). Gerade diese entziehen sich gerne dem regelmässigen Verlaufe sprachlicher Erscheinungen, um dem alten Gebrauche treu zu bleiben; man vergleiche z. B. die neuenglische Anwendung des sogenannten sächsischen Genitivs; auch möchte ich die Beschränkung des lateinischen Locativs und localen Ablativs und Accusativs auf einen ähnlichen Conservativismus zurückführen, welcher sich freilich in diesem Falle als sehr willkürlich erweist.

1

Daneben nun bildete das Afz., theils dem Lateinischen sich anschliessend, theils völlig selbständig einen umfassenden und namentlich auch für die Ergänzung seines Partikelvorrates sehr wirksamen Gebrauch des Cas. obl. aus, den wir als den absoluten oder unabhängigen bezeichnen können, sofern ein derartiger Ausdruck im Gegensatz zu dem Objectscasus in keinem engen grammatischen Zusammenhange mit dem Thätigkeitsbegriff des Satzes steht, sondern umständliche Bestimmungen verschiedenster Art hinzubringt, wie er auch oft durch ein einfaches Adverb, oft durch ein praepositionales Wortgefüge ersetzt werden kann.

Eine Eintheilung der verschiedenen Functionen dieses Accusativs nach Maassgabe der ihm im Lateinischen entsprechenden Casus scheint sich mir nicht zu empfehlen; einmal würden dadurch inhaltlich eng zusammengehörige Ausdrücke getrennt werden müssen, z. B. jene, welche das Maass der Ausdehnung eines Seienden enthalten (entspr. lat. Accus.), von den das Maass für den Unterschied angebenden (lat. Ablat.), oder die, welche den Kaufpreis bezeichnen (lat. Abl.), von den das Maass für die Schätzung ausdrückenden (lat. Genit.). Dann aber liegt auch kein Grund vor zu der Annahme, dass der Franzose bei allen zu besprechenden adverbialen Casibus etwas anderes zu gebrauchen sich bewusst war, als eben den Accusativ, denselben Casus, der ihm sonst für das directe Object geläufig war, und oft erhält dieser noch durch andere Sprachen dem abweichenden Latein gegenüber eine Stütze; vgl. z. B. jene häufigen modalen Accusative mit praedicativem Adj. oder Particip, zu denen auch Diez III 122 die deutsche Parallele herbeizieht, während das Lateinische den Ablat. verwendet. Ich möchte folgender Eintheilung den Vorzug geben.

I. Der absol. Accus. besteht aus einem einfachen oder mit attributiven Zusätzen versehenen Substantiv.

    A. Localer und temporaler Accus.

    B. Accus. des Maasses.

    C. Modaler Accus.

II. Der absol. Accus. besteht aus der Bezeichnung eines Seienden, welchem in praedicativer Stellung die Bestimmung seines Verhaltens in Bezug auf die Aussage des Hauptsatzes beigefügt wird.

    A. Bestimmungen zu einem an der Thätigkeit des Hauptsatzes als Subject oder Object betheiligten Seienden.

    B. Bestimmungen zum Inhalt des Hauptsatzes als einem Ganzen.

I. Abtheilung.

Der absol. Accus. besteht aus einem einfachen oder mit attributiven Zusätzen versehenen Substantiv.

A. Localer und temporaler Accusativ.

Da wir uns den Begriff der Zeit nur unter dem Bilde einer un-endlichen Linie vorstellen können, so ist die Grundanschauung auch für die temporalen Bestimmungen die räumliche. Die Sprache giebt dies kund, wenn sie von einem Zeitraum, einer Spanne Zeit redet, der Zeit Länge und Kürze zuschreibt u. dgl. m. Es ist daher natürlich, dass auch für parallele syntactische Beziehungen auf beiden Gebieten gleiche Ausdrucksmittel verwandt wurden.

1. Localer Accusativ.

Schon im Latein. war, um die drei Beziehungen des Raumes anszudrücken, der Gebrauch der Praepositionen bei weitem überwiegend; nur bei einem kleinen Theile der Oertlichkeiten bezeichnenden Eigennamen, denen sich, durch häufigen Gebrauch gefestigt, wenige Appellativa anschlossen, genügte der reine Accusativ u. Ablativ bzw. Locativ. Im Französischen nun ist die Kategorie des woher? zunächst auszuscheiden, für welche stets ein de notwendig war; so ward auch lat. unde früh mit de verbunden und erschien frz. als d'ont, später dont, während das einfache norm. unt, prov. on sowol ubi als quo vertrat. Wie sehr die Partikeln geneigt waren, aus der Bedeutung des woher? in die des wo? sich hineinzudrängen, zeigen Zusammensetzungen wie de devant, de desnz, de delez*) (cf. Diez II 465 f.; III 311 f.). Aber auch von dem einfachen Gebrauche des lat. wo- und wohin-Casus blieb im Frz. wenig übrig. In einem der ältesten französischem Boden entsprossenen Denkmäler, der Passion Christi, findet sich 30 b: Christus Jhesus den s'en leved, Gehsesmani vil'es n'anez. Hier würde auch im Latein. die Praeposition kaum fehlen; es wäre wichtig zu sehen, wie weit der Dichter seiner uns nicht sicher bekannten Quelle hier folgte. Das Ev. Matth. hat an der entsprechenden Stelle, XXVI 36: Tunc venit Jesus cum illis in villam, quae dicitur Gethsemani. Die anderen Evangelien kommen nicht in Betracht. Doch

---

*) wol besser so getrennt zu schreiben, wie z. B. P. Meyer, Recueil 267, 59, thut, da sich auch par devant etc. findet.

ist dies Beispiel ganz vereinzelt. Sonst findet sich ein absoluter
Gebrauch eines localen Accus. im Afz. nur in den zahlreichen, adver-
biellen Wendungen mit part, in der Bedeutung „Seite, Ort". (cf.
lat. parte, partibus, local, immer mit einem Attribut, Draeger, Histor.
Syntax der latein. Sprache I 522.)

a) Bezeichnung des Ortes, an welchem eine Thätigkeit stattfindet.

Qu'alez vos ceste part querant? Erec 165; ne savoie, Quel part
jou querre le devoie, Fl. u. Bl. 1334; il n'a point de mal autre part,
Ch. lyon 2966; Mult par fu esbaie la gent chaperunee, Quant il
virent lur veie tutes parz estupee, S. Thom. 71, 20 (Bekker); Voirs
est que uns bons tant solement ne pot fere un jugement nule part en
le conté de Clermont, mais doi home le font bien, Beaum. LXI 52.

b) Bezeichnung des Zieles, in dessen Richtung sich eine Bewegung vollzieht, und bei welchem sie endet.

Si s'adreca lors vers le cri Cele part, ou il l'ot oi; Et quant il
parvint cele part, Vit .I. lyon en un essart, Ch. lyon 3340; Dites
quel part vos vorroiz or aler, Charr. Nym. 822; Cil faiseient grant
mal, quel part que il aloent, Rou II 30; A tant turnad Joram le
curre altre part, L. Rois 377; encontre sa volente Ne voloit aler nule
part, Ch. lyon 3425.

Diese Redensarten haben sich bis ins Nfz. erhalten; Belege b.
Littré, part 8.

Praepositionen finden sich bei diesen Ausdrücken namentlich,
wenn part die Bedeutung „Seite" hat; bemerkenswert ist hier der
Gebrauch von de auch zur Angabe des wo? und selbst des wohin?

li prouvos i doit venir et faire crier le pais et dune part et
dautre, Taill. Actes 492*); il s'en revait d'autre part, J. Cond. I 344,
1342; Si com paille s'en volle au vent, S'en va li siens de toutes
pars, eb. I 323, 639; Ensi s'en alla l'Empereres vers cele part,
Villeh. 254.

Das synonyme lieu kommt seltener in diesem absoluten Gebrauche vor; am häufigsten scheint noch nul lieu = nulle part.

a) Et une pucele en menrai Tant bele, tant gente et tant preu
Que sa paroille n'est nul leu, Erec 1036; vostre parauz
n'estoit nul leu, eb. 2540; onques nul lieu n'aresta, Barb. u.
M. III 474, 97.

---

*) Tailliar, Recueil d'actes des XII° et XIII° siècles, en langue romane
et wallonne. Douai 1849.

b) Lors dist qu'après lui s'en ira, Jà cel lieu aler ne saura,
Barb. u. M. III 156,96.
Ausserdem erscheint lat. loco in dem afz. Adverb luec wieder,
hier zugleich das lat. o dem gewöhnlichen Wandel zu ue überlassend,
während das Substantiv sich nur als leu oder lieu findet.
Wie schon im Lat. ursprüngliche Casus obliqui adverbial u.
praepositional gebraucht werden (cf. Mätzner, Gramm. 217; Burgny
II 263; Draeger, Hist. Synt. I 117 ff.), so zeigt sich Aehnliches in
der Weiterentwicklung der Sprache.

Das als Praeposition absolut gebrauchte lez hat in dem in gleicher
Weise üblichen mittellatein. latus einen Vorgänger; ef. Ducange,
latus 1; Scheler, Dict. d'étym. Noch im 16. Jahrhundert war es
lebende Praeposition, findet sich jetzt aber nur noch erstarrt in einigen
Ortsnamen (Darmesteter, Mots composés p. 53). Selten wird lez
durch de mit dem Substantiv verbunden, so z. B.: Et li cuens dou
Perche faisoit l'avantgarde et conrut tout leiz des portes, Men. Reims
298. Neben lez existirt das afz. Compositum delez.

Die Praeposition chez repräsentirt ebenfalls ursprünglich einen
localen Casus; das Etymon ist lat. casa. Aus der Bedeutung, „im
Hause jemandes" ergiebt sich, wie chez zu praepositionaler Verwendung
kommen konnte; es wurde und wird noch jetzt (cf. Littré, chez Rem.
2; Diez III 141) nur bei Personenbezeichnungen gebraucht, denen im
possessiven Verhältnis die Praeposition de fehlen durfte und bei so
häufigen Wendungen, wie die mit chez sind, gewiss immer fehlte.
Da nun ein chiese als selbständiges Substantiv afz. nicht sehr geläufig war*), so konnte man die eigentliche Natur von Ausdrücken
wie „chies son oste, chies Guillaume" leicht verkennen**). (Vgl. die
Redensart: de par le roi=de part l. r., Raithel, die afz. Praepositionen
I 32; ähnliches wird noch öfter zu erwägen sein, z. B. bei malgré,
s. u.) Daneben finden sich gleichbedeutend en chies und a chies
(Beisp. b. Littré u. Burguy III 60). Doch ist wol nicht chies eine
Abkürzung von diesen, wie Littré, Burguy, Scheler meinen: chies ist

---

*) Ducange kennt cheze in einem specialisirten Sinne; Godefroy
bringt nur einen Beleg aus dem 14. Jahrh.; häufiger ist das Compositum
chiesedeu.
**) Auch wenn chies ausserhalb jener Wendungen von praepositionalem
Charakter vorkam, bedurfte es der Erläuterung: la place de terre ou
Florence siet, fu jadis apelee chies de Mars, ce est a dire maisons de
bataille, Brun. Lat. Trésor p. 46. (T.) — Die mit einem (T.) bezeichneten
Beispiele hat mir Herr Prof. Tobler freundlichst überlassen.

ebenso ursprünglich und scheint viel gebräuchlicher als en u. a chies.
Die Sprache liebt gerade so häufige, formelhafte Bezeichnungen
möglichst abzuschleifen; cf. das nfz. je demenre rué Racine, place
de la Concorde u. dgl., selbst, wo man eher Praepositionen erwartet:
Cette rue commence place du Châtelet et finit aux boulevards, Paul
de Kock, La grande ville. A l'entrée de Louis XI, en 1461, on
imagina, rue Saint-Denis, un spectacle trés-agréable, eb: auf die
Frage wohin?: Le jeune sculpteur se hâta donc, à peine arrivé, de
se rendre rue Saint-Lazare, où demenrait M. de Riol, Souvestre, Au
coin du feu. —
Die Stelle aus Brun. Lat. zeigt, dass chies als selbständiges
Substantiv doch auch einmal bestanden hat und kann (neben dem
altspan. cas in en cas) als Stütze für Schelers Annahme eines zwischen
casa u. chies vermittelnden *casum dienen. Fände sich chies aus-
schliesslich in jenen adverbialen Verbindungen, so würde auch die von
Diez II 457 gegebene Erklärung der Form ansprechen.*)
Lez und chez beantworten sowol die Frage wo? als wohin?
Das lat. parte erscheint gleichfalls praepositional gebraucht im
prov. u. altcatal. part, mit der Bedeutung „jenseits, über-hinaus"
(darnach übertragen „neben, ausser". B. Chrest. prov.³ 293, 23),
Rayn. Lex. Rom. IV 432; Diez II 486. Gegen diese Etymologie
erklärt sich Suchier, Zeitschr. f. deutsche Philol. XII 336, welcher
eine osk.-umbr. Praepos. pert als Etymon vorschlägt. Im Afz. scheint.
praepositionales part selten zu sein, cf. Destre part la citet demie
line grant Troevent vergiers (d. h. rechts neben . .), Karls R. 264.
Ein obliquer Ortscasus steht auch bei den Verben der Bewegung
zur Angabe des Weges, auf welchem hin sich dieselbe vollzieht. Hier
kann der Accusativ, da er das enthält, was der Bewegung unmittelbar
unterworfen ist und nach Ablauf derselben als zurückgelegt, verbraucht
erscheint, auch als Object der Thätigkeit angesehen werden, wenn
nicht die Bewegung selbst repräsentirt wird durch ein mit directem
Object verbundenes Transitiv od. die Bildung des Perfects mit être
eine transitive Auffassung des Verbalbegriffs ausschliesst. In jenem
Falle kann das passive Particip des betreffenden Verbs dem Ortsaccus.
gemäss flectiren; so wird es in folgenden Sätzen gehalten:
quant il a alees Trestutes les cuntrees . . Comp. 1861: Quant
ele ot une piece la sentelete errée, Berte 1147. Ein Accus. des

---

*) Ueber die Sonderstellung der Partikeln gegenüber dem regelrechten
Lautwandel cf. Curtius, Verhandlungen der königl. sächs. Gesellsch. d.
Wissensch. 1870, XXII 29.

Pron. pers. kann die Wegesangabe wieder aufnehmen: Bien savoit le bois tot entier, Que mainte foiz l'avoit allé, Ren. 4891 (cit. Littré, aller, Hist.).

Jene Ortsbestimmungen zu Subjecten eines passivischen Satzgefüges zu machen, scheint sich das Afz. nicht gestattet zu haben, im Gegensatz zum Latein. (Draeger I 361; cf. ferner: Wüllner, die Bedeutung der sprachlichen Casus u. Modi p. 109; Diez III 111.) Ueber tout bei diesen Accusativen, als praedicatives Adjectiv, welches angiebt, dass die ganze Bewegung auf dem bezeichneten Wege stattfindet, handelt Tobler, Mitth. Gloss., tout. Das nfz. praepositionale le long de, tout le long de verdankt wol dieser Anwendung des Accus. seine Entstehung (s. Littré, long 17.).

Sehr häufig ist afz. aler le droit chemin, la droite voie, cf. deutsch „geradeswegs". (Littré, aller 17; Stimming, Zeitschr. I 197): este vus les vaches ki vnut dreit le chemin vers terre de Jsrael, L. Rois 21; ele de l'errer esploite Vers le chastel la voie droite, Ch. lyon 4930 (2313; 3776); prov. anet s'en al márques dreg cami, B. Leseb. 162, 20. — Weitere Beispiele: Chevalchet l'emperere tres parmi cruiz partie Les bois e les forez, Karls R. 105; Au matin monte, pense de chevauchier Trusqu'a Lion un riche gaut plenter, Cor. Lo. 2075. Bei entrer bezeichnet der Accus. den Ort, in welchen man eintritt: Castel Emaus ab els entret, Pass. 107 c; (Li diables) entrat lo porc..─porcum..inuasit, Dial. Greg. 154, 14. (Vorher: en cui enterrai? entre en cest porc=in quem intrabo? in hunc porcum ingredere).

Während, in Ansehung der obigen zweifellos objectiven Accusative, in diesen Stellen die adverbiale Natur der Ortsbestimmung nicht sicher feststeht, liegt dieselbe in den folgenden klar zu Tage.

a) Der Thätigkeitsbegriff ist ein transitives bereits mit directem Object versehenes Verb.

Ses (scil. mil tonneaus de chevaliers emplis) conduisist tot le chemin de Nymes, Charr. Nym. 927; La conquist une ymage Aiols li frans . . Qu'il amena en France le cemin grant, Aiol (ed. Normand u. Raynaud) 383; Et li varlés qui le convoie Le mena tant la droite voie Que Sar ont devant iaus coisie, J. Cond. I 230, 1964; Johannis . . les ot totejor suiz tote lor route, Villehard. 197; A grant peinne me monta l'on les degrez, Joinv. 270 e.

Ebenso würde auch ein reflexiver Ausdruck, in dem das Pron. Accus., für die adverbiale Natur des localen Casus zeugen.

b) Der Thätigkeitsbegriff besteht aus der mit estre gebildeten Form eines intransit. Verba.

Curu sunt les dous parz de Leire, Rou I 436; Nicolete o le vis
cler fu montee le fossé, Auc. 17, 2: pour lui sui la mer passée,
J. Cond. I 238, 2201: quant il son hosteil fut entreiz=dum eius
hospitium intrasset, Dial. Greg. 147, 6. Ein auf eine Ortsbestimmung
gehendes Relativ in dieser Verbindung muss gleichfalls adverbial sein:
Nous ne pouvons faire meilleur exploit que de aller ce chemin que
nos ennemis sont allés, Froiss. II, II 237 (cit. Littré, aller Hist.).
Häufig steht ein praepositionaler Ausdruck mit par statt des einfachen Accus., cf. Raithel, Afz. Praep. I 15.

Als Accusative des Ortes sind, hierauf machte mich Herr Prof.
Tobler aufmerksam, vielleicht auch die mit aval, amont, contreval,
contremont verbundenen Substantive zu erklären. Diese Adverbien
schliessen, ihrer Bildung gemäss, den Begriff der Bewegung in sich
und können daher, ebenso wie die Verba der Bewegung, einen Accus.
zu sich nehmen, der den Schauplatz, das Terrain bezeichnet, über
welches hin sich dieselbe vollzieht (s. Tobler, Zeitschr. II 626).
Naturgemäss zeigen sich diese Verbindungen am häufigsten da, wo
auch das Verb eine Ortsveränderung ausdrückt.

Amunt Leire cururent, Rou I 430; s'en ala aval le gardin, Auc.
12, 18: Ele segna son cief si se laissa glacier aval le fossé, eb. 16, 17;
ensi corrurent contremont le braz Saint Jorge, Villeh. 66:. (li chevalier) montent contremont le mur par force, eb. 128: li cheval
traient les nefs contremont le[s] ianes, Liv. mét. 42.

Doch geben sie auch bei Thätigkeiten, die nicht räumliche Bewegung bezeichnen, an, dass dieselben sich über eine gewisse Fläche
hin, continuirlich oder discontinuirlich, ausdehnen.

de toutes les marcandises et les veneus ke on vendera et acatera
aval ceste vile a artisiens, ke on en prenge esterlins, Taill. Actes 134:
or estes tel menei par vos pechiés que nous vous prenons aval les
chaus comme bestes, Joinv. 296 d; les fiens et les tieraus ki sunt
mis aval les rues, que li ostes les ait fait oster, Taill. Actes 292:
vit à meinz de deus lines grant foison de baronnie esparse aval la
terre (Var: le tertre) à destre et à senestre, Men. Reims 110.

Wiewol hier jene Adverbien schon ganz das Aussehen von Praepositionen haben, erkennt man doch an ihrer Stellung hinter dem
Substant. den ursprünglichen Character.

En plusurs lieus pert la ruine, Que firent la gent Sarazine En
Auremen e en Gernesi . . E le riuage cuntremunt, Rou I 426.

In gleicher Weise findet sich aval temporal: lan aval, Taill.
Actes 412. —

In folgendem Satze wird der Accus. le pont bei dem ein Fort-
bewegen in einer Richtung bezeichnenden Ausdruck de lonc en lonc
gleichfalls adverbial zu fassen sein: li crestien avoient tendu une roi
de lonc en lonc le pont, Men. Reims 162.

2. Temporaler Accusativ.

Weit ausgedehnter als der Gebrauch des obliquen localen Casus
ist der des temporalen. Die Anschauung des dreidimensionalen Ortes
bietet viel mannigfaltigere Verhältnisse als die der einer Linie vergleichbaren Zeit. Deshalb war der Sprache die Bezeichnung der
Oertlichkeit eines Vorganges durch den einfachen Casus des Substantivs bald zu unbestimmt, und sie griff zu den praecisirenden Praepositionen. Bis heute dagegen erhielt sich die Verwendung des abs.
Cas. obl., um aus der unendlichen Zeitlinie einen Theil auszuscheiden,
in dessen Raume eine Handlung stattfindet, gleichviel, ob sie denselben vollständig erfüllt oder ob ein ein- oder ein mehrmaliger Eintritt einer solchen, ohne Rücksicht auf ihre Dauer constatirt wird:
tant vos estes traveilliez et penez, De nuiz veillier et de jorz jeûner,
Charr. Nym. 43: De fevrier mat le jour premier, J. Cond. I 225,
1786; par la force de la maladie de l'ost se pasma il le soir par
plusours foiz, Joinv. 8 a. Das wann? in der Zeit entspricht genau
dem wo? des Raumes. Im Lat. diente diesem Zwecke der Ablativ
(Ausn. Draeger I 397: Accus. u. 572: Locativ), seltner begleitet von
der Praep. in. Der temporale Accus. ist im Franz., wie auch in
anderen Sprachen, so gebräuchlich, dass weitere Belege dafür zu geben
nicht nötig scheint. Nur wenige Einzelheiten seien hervorgehoben.

Als substantivirte Zeitadverbia fast nur im absol. Cas. gebraucht
werden l'endemain und l'antrier: L'endemain, lues que l'aube
crieve, Isnelement et tost se lieve, Erec 691: vint es essarz l'andemain, Ch. lyon 791: batus i fus l'antrier, Raoul Cambr. p. 84: un
petit devant le jour Me levai lautrier, Afz. Lieder XLI 2.

Der Begriff „zu allen Zeiten, immer" wird im Franz. durch Umschreibungen gegeben, da das dem lat. semper entsprechende afz.
sempre die Bedeutung „sogleich, auf der Stelle" angenommen hatte.
(Burg. II 324). Das Franz. greift irgend einen bestimmten, regel-
mässig wiederkehrenden Zeitabschnitt heraus und drückt so den Gedanken des immer-Geschehens einer Thätigkeit dadurch aus, dass es
das Geschehen derselben in allen einzelnen Theilen, sei es nun aller
Zeit überhaupt, sei es eines durch den Zusammenhang der Rede bestimmten Zeitraums, setzt. Hierhin gehören die adverbialen Accusative:

toz dis, verstümmelt in toudis (Burg. II 329): „baisiés, baisiés moi, amis, toudis", B. Chrest.² 336, 32: Toudis en est sour moi la faute, J. Cond. I 206, 1212.

toz jorz, toujours: Sire, tuz jurz avez nostre conseil desdit, Fors ço qu'avez tuz dis en vostre quer eslit, Meyer, Rec. 311, 205; Et il touz jourz se deffendoit au mieuz qu'il pooit, Men. Reims 266; toz jorz durra li renons, Ch. lyon 38; Toz jorz doit puir li fumiers, eb. 116.

totes ores: Totes ores a li pansoit, Brut 8813 (cf. Scheler zu Band. Cond. XXI 1722).

Auch das allgemeine „tans" wird verwandt in toz tans oder toutans (s. Suchier, Reimpredigt p. XXVIII): Jaim toutans, Afz. Lieder XXV 11.

Zu tote voie in dieser Bedeutung vgl. anten.

Sofern die Ausdrücke des Afz. für „immer" auch die Dauer eines Zustandes angeben (neben der durch sie stattfindenden Bezeichnung des sich stetig erneuernden Eintritts einer Handlung), berühren sie sich mit den Accusativen, welche ein Zeitmaass zur Darstellung bringen.

Auch die Jahreszahlen sind Accus. temporis.

Ce fut fet lan de grace mil deux ceus et quatre vins et tresse, Taill. Actes 367: L'an de grâce mil deus cenz quatre-vinz et treize fut regardé par sire Jehan Popin . . que . ., Liv. mét. 356 u. 373; Fu fet cest acort environ li (?) Saint-Jehan-Baptistre mil deus cenz quatre-vinz et huit, eb. 359; Ce fu fait . . l'an de grâce mil deus cenz quatre-vinz-dis et nuef, ou moys de mars, eb. 386.

Früh mag man daneben die Zahl ohne jegliche Flexion dem l'an oder en l'an beigefügt haben. Die Zahlen geben ja keine materielle Bestimmung zum Wesen des sie begleitenden Substantivs, sondern enthalten etwas rein Formales, Aeusserliches und entziehen sich infolge dessen gern den Regeln der Syntax; ist doch auch schon durch ihre graphische Wiedergabe ihre isolirte Stellung genugsam ausgedrückt. Die Thatsache aber, dass, wie in obigen Beispielen, im Falle der Flexion ein Accus. des Plurals neben das singulare l'an trat, scheint zu einem eigentümlichen Gebrauche geführt zu haben. Das Sprachgefühl duldete die flectirten Numeralia nicht ohne einen ihnen Inhalt verleihenden Begriff, und da l'an als Singular dem Plural der Zahl nicht eng genug verbunden war, so fügte man noch den Accus. des Plur. von an hinzu; dadurch entstanden Formeln wie die folgenden:

ce fu as octave[s] de la feste Saint Remi, en l'an de l'incar-

nation Jesu Christ MCC anz et II, Villeh. 38; en l'an de l'incarnation
Jesu Christ MCC ans et IV, eb. 139; ceste aventure si avint l'an
de l'Incarnation Jesus Christ MCCV anz, eb. 194; ce fu en l'an de
l'incarnation nostre seignor Jesu Christ mil et deuz · ceas ans et six,
eb. 231: cette mesaventure avint en l'an de l'incarnation de Jesus-
Christ mil deux cens et sept ans, eb. 257; Ce fu fait en lan de
lincarnation nostre seigneur MCC et XLVII ans, au mois doctobre,
Taill. Actes 147 (zwei Mal): Chou fu fait en lan de lincarnation
nostre seigneur Jesu Christ mil deux cens et quarante huit ans, le
jour des ames, eb. 168; Ce fu fait lan de lincarnation nostre
seigneur mil CC et LX ans el mois daoust, eb. 237: Co fu fait a
Quinci el mois de mars et li (?) incarnation MCC et XVIII ans,
eb. 60.

Vielleicht war es auch nur ein nachlässiges, asyndetisches Hin-
stellen des seit Anfang der Zeitrechnung bis zu dem betr. Ereignisse
verflossenen Zeitraums, wobei das Jahr der Handlung stets mit ein-
gerechnet ward, so dass dieser Accus. dann dort zu erwähnen
wäre, wo vom Zeitmaass die Rede ist. In obigen Sätzen geht
immer l'an de l'incarnation etc. vorher, wodurch jener Ausgangspunkt für die Zahl bestimmt wird. Doch ist dies nicht wesentlich
dabei; vgl. mourut entour la saint Jehan mil et deus cent quarante
ans, Men. Reims 338. Dieser Form der Jahresangabe entspricht
folgende des Datums: Ce fu fait en lan XLVI^{ime}, VIII jours en
feverier (d. h. am achten Februar), Taill. Actes 133. —

Im Nfz. kann man, um die Zeit eines Vorganges zu bezeichnen,
auch die umfassendere Handlung ohne Praeposition gebrauchen, aus
welcher jener eine Episode ist; z. B. C'est un coup de mousquet que
je reçus la dernière campagne que j'ai faite, Mol. Préc. rid. XI.
Ein derartiger Fall ist mir im Afz. nicht begegnet.

Wie hier im Afz. meist Praepositionen in Anwendung zu kommen
scheinen (Raithel, a. a. O. p. 53), so beherrschen dieselben überhaupt
ein weites Feld, was die Beantwortung des wann? anbelangt. Am
häufigsten sind a und en; jenes giebt nur dem Zueinandersein der
Zeitbestimmung und des Ereignisses Ausdruck, dieses stellt das letzere
als innerhalb der Grenzen des Zeitraumes liegend hin. (Ueber en
v. Raithel, a. a. O. p. 52).

Doch scheinen auch noch andere Momente im Spiele zu sein,
welche in gewissen Fällen die Praeposition begünstigen. Im Allgemeinen kommen nur die alltäglichsten Zeitbestimmungen wie jour,
nuit, veille, matin, soir, heure, semaine, an (namentl. auch mit Jahreszahlen) in reinen Accusativen vor. Dagegen z. B. die Namen der

Feste mit Praepos.: a blanches Pasques, Cor. Lo. 738; 983; 986;
Il ne pooit lever a Noel ne as Pasques, Al jor de Pentecouste ne
as féstes plus hautes, Aiol 81. Wie hier, so auch sonst bei Zeiten-
gaben im Plural: E poro fut presentede Maximlien Chi rex eret a
cels dis sovre pagiens, Eulal. 12; cf. Leod. 3a; 6b.

Mit dem Ordinale bei der temporalen Bestimmung ist mir bei
weitem häufiger die praepositionale Wendung begegnet als der adverbiale Accus.

al terz di vius pareistra, Pass. 91b; 98a; Al sedme jorn fut
faite la herberge, Alex. 116a; Dens jors sejorne, puis s'en parti au
tierz, Cor. Lo. 2040; 776; Venu sunt al quint jur de la nativité
A Cantorbire cil, S. Thom. 66b, 1.

Endlich ward auch, wenn der Zeitbestimmung noch ein längerer
Zusatz folgte, meist die Praepos. gebraucht:

Quant el tens des forsenanz Wenles Lumbardie fut deguasteie =
Cum saenientium Wandalorum tempore fuisset Italia . . depopulata,
Dial. Greg. 111, 14: En la samaine qued il s'en dut aler Vint une
voiz, Alex. 59a: Artus . . Tint cort . . A cele feste, qui tant coste
Qu'an doit clamer la Pantecoste, Ch. lyon 5; le bataille qui fu el
tans que noz fesions cest livre, Beaum. LXI 63.

Ausserdem nun finden sich aber die Praepositionen auch unendlich
oft, wo der einfache Accus. ebenso gebräuchlich ist.

al jur, L. Rois 119: a nul jor, Cor. Lo. 1147; Meyer, Rec.
251, 358: a .I. mardi, Ch. lyon 3136; cf. Joinv. 278b; 288b: a
a l'andemain, Ch. lyon 3819: a une matinee, Cor. Lo. 2024; cf.
Ch. lyon 3480; en icest jor, Cor. Lo. 1581: lateinischen Ablativen
entsprechend: a un jur avint = accidit quadam die, L. Rois 45: en
un jor = quadam die, Dial. Greg. 5, 2; 8, 15. (Vgl. dagegen z. B.
vint en Sylo meisme le jur = . . in die illa, L. Rois 16).

Manchmal stehn sich beide Ausdrucksweisen im Afz. parallel:
La nuit i jurent, au matin s'en tornerent, Charr. Nym. 837. Ebenso
findet Wechsel zwischen a und en statt: cil qui achatent le mestier
devant la feste Saint-Jehan-Baptistre doivent les III s. et VIII den.
de hauban en celle première année, ausi bien come aus autres après,
Liv. mét. 242.

Ueber temporales dedenz und enmi cf. Raithel, a. a. O. p. 66
u. 75; par eb. p. 16 f. Andere hierhergehörige Beispiele: Par un
jour si très bel qu'il ne pluet ne ne vente, Espousa rois Pepins
Bertain la bele gente, Berte 271: en Jerusalem sont venu, Assés
main par. .I. venredi, J. Cond. I 221, 1667; De fevrier mut le jour

— 13 —

premier, Qui fu droit par .I. diemence, eb. I 225, 1787; Sour mer monta(i) par .I. demarc, eb. I 226,1836.

Endlich wird auch de in dieser Weise verwandt; es scheidet den Zeittheil von dem begleitenden Zeitraume aus, welcher für die in Rede stehende Handlung in Betracht kommt. Deshalb war de namentlich beliebt in negativen Aussagen; die Verneinung wird viel energischer, wenn der Redende in Abrede stellt, dass ein Vorgang an irgend einem Theile des Zeitraums stattgefunden, als wenn er den letzteren als Ganzes ins Auge fasst. Doch ist de auch in affirmativen Sätzen gebräuchlich: il puet . . fere son mestier de jours et de nuiz, Liv. mét. 29; Oliviers . . lessa le roy et demoura en Cypre, lequel nous ne veismes puis d'an et demi après, Joinv. 10e; tonniaus de vin, que il avoient achetei de dous aus devant que li rois venist, eb. 86g; Se feme requiert que division soit fete des biens son mari, du vivant du mari, on ne doit pas obeir à sa requeste, Beaum. LVII 2 (vgl. Diez III 163; Mätzner, Gr. 371).

Treten mehrere Zeitangaben nebeneinander auf, von denen die eine die andere umfasst, so scheint es am beliebtesten, erstere durch den Cas. obl. zu geben, letztere durch a einzuführen.

Lou samedi a (= au) soir, B. Chrest.⁸ 50, 9: le samedi au matin, Joinv. 250 f; la nuit a l'avesprer, Meyer, Rec. 317, 382; chascun an au jour de la saint Jehan, Men. Reims 208.

Doch kommen (auch mit en und par) alle möglichen Combinationen vor. Jedenfalls ist ein Streben nach Wechsel im Ausdruck bei den einzelnen Bestimmungen unverkennbar. —

Einige afz. vollständig zu Adverbien gewordene Ausdrücke lassen einen alten ablat. temporis erkennen.

hui = hodie hatte schon im Lat. adverbialen Character.

ore, or (über den Verlust des e: Diez II 457), ores, prov. ara leitete Diez, Et. Wb. I 294, von hora ab, was wegen des offenen o (infolge dessen norm. nie *ure etc.) nicht zulässig ist (Tobler, Gött. gel. Anz. 1872, 887). Dem gegenüber schlägt Foerster, Rom. Stud. III 178 und IV 59, hac hora vor, dem Suchier, Zeitschr. III 149, beistimmt, nachdem er vorher, Zeitschr. I 431, schon *ha hora aufgestellt. Dies hac hora würde durch altspan. agora = ahora eine gute Stütze erhalten.*) Schon im Fragm. v. Valenc. steht ore, B. Chrest.⁸ 6, 28 etc. Die Form mit —s erklärt Böhmer, Rom. St. III 142, am annehmbarsten.

_____

*) Cornu, Rom. VI 381, Böhmer, Rom. Stud. III 142, führen ad horam ins Feld, welches auch Paris, Rom. VI 629, „plus plausible" findet.

In encore, encor sah Diez, Et. Wb. I 294, den Acc. hanc horam und auch diese Etymologie ist schon wegen der Natur des o zurückzuweisen. Böhmer, a. a. O., hält hanc ad horam für die Quelle, während Suchier, Zeitschr. III 149, mit Recht anführt, dass das Wort cucui alsdann isolirt steht, dass ferner die altnorm. Form uncore nicht wol mit jener Herleitung sich verträgt. Er sieht in den betreffenden roman. Wörtern Zusammensetzungen aus adhuc = *adhunc, annc, it. anche, prov. anc, norm. unc, pic. ainc mit ora resp. ore und ara = hac hora, wobei freilich die pic. „Erleichterung“ des aunc zu ainc, sowie der neue Lautwechsel zu enc-ore noch einige Bedenken erregen könnte. — Wie dem auch sei, jedenfalls ist hanc horam unzulässig: dies würde auch wol die Bedeutung „jetzt“ hervorgerufen haben, die ich für das Wort nicht kenne. Gachet glossirt es zwar mit „maintenant, à cette heure“ ohne diese Erklärung zu beweisen; denn in der von ihm citirten Stelle: A ses sergans Inès demanda Se li mangers est encor fès, Gilles de Chin 4761, meint es „schon“. Diese Bedeutung ergiebt sich aus dem in negativen Sätzen gebrauchten encore == bis jetzt, noch. Wenn man sagte: il n'est encor venuz, konnte man fragen: est il encor vennz, indem man jene Antwort erwartete. Vgl. Est-va encore toz mes charroiz entrez? Charr. Nym. 1162; Ne sumes apresté Que voilunmès encore estre a la mort livré; S. Thom. 70, 7. (Der ganze Gedanke ist negativ.) — Auch das it. ancora zeigt ähnliche Verwendung (Blanc p. 533).

lore-s, lor-s ist illa hora mit paragog. s.

annit, prov. anuech geht wol auf hac nocte zurück (Suchier, Zeitschr. III 149; nach Zeitschr. I 431 kehrt es wieder in enque. nuit = enc + annit, prov. ancannech).

oan, onan, altsp. ogaño, prov. ogan, (Diez II 461) entsprechen einem hoc anno; z. B. tot ensement vic jou owan . . caiens une pucele entrer, Fl. u. Bl. 1533.

lues ist ursprüngl. identisch mit dem örtlichen luec (cf. deutsch da; mhd. dû örtl., dô zeitl.; letzteres später durch ersteres verdrängt). Auch das Subst. leu ging in der Bedeutung „Gelegenheit“ in temporale Anwendung über (wie lat. locus).

Lat. tempori, temperi adverbial für tempore erscheint afz. als tempre (Burg. II 330; Diez II 472) mit der Bedeutung „sogleich“. (Auch im Gegensatz zu tart: tart et tempre Est bielle parolle en saison, J. Cond. I 167, 2).

Endlich sei auch der alten Adverbien buer und mar gedacht, bei deren Herleitung, wie Diez, Et. Wb. I 294, Burg. II 276 gezeigt, auf bona und mala hora zurückzugehen ist. Von einem Ereignisse,

welches einen glücklichen oder unglücklichen Ausgang nahm, sagte
man, es sei bona oder mala hora eingetreten. Daraus ergiebt sich
dann der Gebrauch von mar mit dem Futur und Conditionnel in der
Bedeutung eines stark negativen Imperativs, indem man jemanden
durch das einfache mar auf die üblen Folgen eines Thuns hinwies
und ihn dadurch an der Vollbringung desselben zu hindern suchte.
Es erinnert dies an die negativen Functionen der Verwünschungs-
formeln (cf. Tobler, vom Verwünschen; Diez III 282; Perle, Zeitschr.
II 418; Bischoff, der Conjunctiv bei Chrestien p. 12). So wird:
nolite timere, L. Rois 41, durch: mar avrez pour, ne interficias eum,
eb. 103, durch: mar l'ociras wiedergegeben. Male oder bone heure
statt mar, buer ist mir nicht vorgekommen; doch: Issi fu la paiz
graantee, Ki a male hure fu dunee, Rou I 573; A male heure vous
y monstrastes, J. Cond. I 359 136. — Prov. steht auch einfaches
bona und mala: cel bona i vai qui amor ab lei pren, Boeth. 253; . .
la cata . . dis: „trabuquet, malat vi", B. Chrest." 318, 3; Mala vi
sa gran beutat, Peire Vidal XLIV 17.

Für den soeben besprochenen Gebrauch des cas. obl. kam es zunächst darauf an, den Zeitpunkt für den Eintritt eines Ereignisses
durch Angabe des Zeitraums, in welchen derselbe fällt, zu bestimmen.
Derselbe accus. temporis findet aber im Französischen auch statt,
wenn der Nachdruck auf der Anzahl der Zeitpunkte liegt, an welchen
das nämliche Ereigniss vor sich geht, ohne dass dabei der concrete
Zeitraum in Betracht gezogen werden braucht. Ueber diesen Ab-
schnitt vgl. L. Tobler, Innere Sprachformen des Zeitbegriffs, Zeitschr.
für Völkerpsych. und Sprachwissensch. III 299 ff., besonders p 316.
Die lat. Zahladverbia gab das Romanische auf (über die Reste
von semel und bis cf. Diez II 474 und 435). Zusammensetzungen
wie septiesdecies, undetricies, quinquies millies waren dem Volks-
munde wol zu schwerfällig und mussten in ihrer Weiterentwicklung
Gestalten annehmen, die mit der Reihe der Cardinalia in keinem
fühlbaren Zusammenhange standen*); auch war dann ihre Form im
Verhältnis zu ihrer Bedeutung zu wenig characteristisch. Das

---

*) Dass es dem franz. Sprachgeiste gerade hierauf ankam, bestätigt
sich auch bei der Bildung der Ordinalien, wo zwar das lat. Suffix verwandt ward, aber der Stamm der Cardinalien in seiner franz. Gestalt
für die modernen Schöpfungen maassgebend wurde.

Suffix-ies hätte wenigstens betont sein müssen, wenn man das den
sämmtlichen Zahladverbien gemeinsame Element in demselben auch
weiterhin zum Ausdruck hätte bringen sollen. Der analytische Character des Romanischen zeigt sich auch hier. Dagegen bot schon
das Latein. in Wendungen wie tribus vicibus, tertia vice einen
Fingerzeig zum Ersatz jenes Verlustes, dem die roman. Sprachen
denn auch folgten, indem sie zugleich noch anderen Wörtern eine
gleiche Function zuertheilten. Bei weitem am häufigsten und bei
Cardinalzahlen fast nur gebräuchlich sind afz. foiz und foiiee mit
ihren lautlichen Varianten. Daneben kommen, mehr oder weniger
allgemein in Gebrauch, andere Ausdrücke vor, denen eine sinnlichere
Bedeutung innewohnt. Dergleichen wird eine ganze Reihe belegt von
Tobler, Zeitschr. V 204 ff.

Der absolute Accus., gegeben durch einen dieser Ausdrücke in
Begleitung einer Cardinalzahl oder einer anderen, allgemeineren Quantitätsbestimmung, bezeichnet das einmalige oder das wiederholte Geschehen einer und derselben Thätigkeit, den ein- oder mehrfachen
Eintritt des nämlichen Zustandes.

Lo nostre seindrae en eps cel di Veduz furae veiades cinc,
Pass. 105 b; Vint une voiz treis feiz en la citet, Alex. 59 b; Mais
faillet une feiz par sa recreantise, Trencherai lui la teste, Karls R.
697; cent foiz cuidai estre morz Des foudres, Ch. lyon 444; Mil foiz
las et dolanz s'apele, eb. 3488; „Vos merci ge," fet li prodom, „.C.
mile foiz en .I. randon," eb 3946; certes j'aimeroie plus cher estre
pilorlé trois tours . . que faire si villain office, B. Chrest.' 478,7. —
Tantes feiz (sc. ai) por tei en loinz guardet, Alex. 95 c: Dame,
quantes fois vo longhece A auuit esté mesurée? J. Cond. I 277, 204;
Quant Solebadins aperçut sa molesce et sa nicetei, si li manda
plusieurs foiz bataille, Men. Reims 7; maintes foiz morir veomes
Chevaliers juenes, Ch. lyon 5321; Mainte feiz i out mis trente humes
en essai, Karls R. 510.

Merkwürdigerweise sagte man, analog dem d. „oftmals" für „oft",
auch soventes foiz für sovent, das sich nur in dieser Formel adjec-
tivisch zeigt; nfz. als Archaismus souventes fois und souventefois.

Soventes foiz lor veit grant dol mener, Alex. 49 a; il issoient
plus soventes fois, Villeh. 89. (cf. it. spesse volte, fiate, Petrarca
„O aspettata in ciel" VI 8; mittelengl. ofte tyme, Chaucer ed. Morris
II 234, 72, ne. often times).

Die vollständige Negation einer Thätigkeit findet statt, indem
der einmalige Eintritt derselben in die Wirklichkeit in Abrede ge-

stellt wird. Der Zeitraum, für welchen die Negation Gültigkeit hat, kann von sehr verschiedener Ausdehnung sein.

. . ne sui autres nule foiz, Ch. lyon 330; toz jorz a cheval se tienent, Que nule foiz a pie ne vienent, eb. 858.

Eine Zählung (vollständige oder theilweise) der Zeitpunkte, an denen das nämliche Ereignis vor sich geht, wird auch vorgenommen, wenn durch foiz mit dem Ordinalzahlwort einer jener Zeitpunkte ins Auge gefasst und angegeben wird, der wievielte er in der Reihe ist. Tierce fiede Deu[s] Samuel apela e tierce feiz a Hely Samuel returna (vocavit adhuc Samuelem tertio), L. Rois 11; La premiere foiz a consoil Li dist: Ch. lyon 1599. In der Stelle: Jhesus cum vidra los judeus, zo lor demandet que querent. il lui respondent tuit adun: „Jhesum querem Nazarenum.“ „En soi aquel,“ zo dis Jhesus. tuit li felun cadegren jos. terce vez lor o demanded, a totas treis chedent envers, Pass. 35 c, hat terce vez, ein drittes Mal, vollständig den Sinn von treis vez, und der Dichter fährt auch fort, als hätte er letzteres gesagt. Ebenso verhält es sich in: Anz que la noit lo jalz cantes, terce vez Petre lo neiet, Pass. 94 b, wo von den beiden ersten Verleugnungen des Petrus noch nichts gesagt wurde. In folgendem Satze erscheint in der nachdrücklichen Aufzählung der einzelnen Wiederholungen die Cardinalzahl der Einheit neben dem Ordinale der Mehrheit: li arcevesques contremanda une foiz et autre et tierce foiz, Men. Reims 468.

Eine Handlung kann nun auch zu wiederholten Malen stattfinden mit der Besonderheit, dass jedes Mal ein andres Handelndes in Betracht kommt. Dann können die verschiedenen Wiederholungen gleichzeitig, nebeneinander vor sich gehen. Soll nun die Thätigkeit der einzelnen Subjecte dabei hervorgehoben werden, so dient dazu meist das Subst. tour; wie aber dieses in die Functionen von foiz eingreift, so sehen wir hier den umgekehrten Vorgang.

Chacuns me bati sa foiee, Tant que l'eschine ai peçoiee, Ren. 18631 (cit. Littré, fois, Hist.); En son dangier passer ainsi convient, Et tost ou tard chacun sa fois y vient, Alain Chart., Débat des 2 fortunes (cit. eb.).

Durch die adverbialen Accusative mit foiz kann ein Geschehen mit dem ein-, mehr-, jedesmaligen Eintreten eines andern Geschehens in eine temporale Beziehung gebracht werden, indem ein theilweises oder vollständiges Zusammenfallen beider Thätigkeiten constatirt wird.

il amenèrent un vilain à pié qui lour geta trois foiz feu gregois. L'une des foiz requeilli Guillaumes de Boon le pot de feu gregoiz à

sa roelle, Joinv. 160 c; Se je poisse estre colons Totes les foiz, que
je vouroie . .. Ch. lyon 2583; Toutes les fois que l'on crioit aus
armes, je y envoioie cinquante et quatre chevaliers, Joinv. 336 c;
La par po ne reforsena Mes sire Yvains cele foice, Quant la fontainne
a aprochiee, Ch. lyon 3485; Assez en orroiz la reison Une autre
foiz, quant leus sera, eb. 3775. — Toutes les eures que chrestien
assailloient à Damiete, li Sarreziu assailloient les crestiens, Men.
Reims 153; Tele hore*) cuide on desirrer Son bien qu'an desirre son
mal, Ch. lyon 3114. — Il fist .II. cours par tel samblance Que
cascun cop brisa sa lance, J. Cond. I 183, 514; Ciex à le mance est
preus sans faille, Il ne jouste cop que il faille, eb. I 188, 646.

Endlich kann foiz auch den Zeitpunkt des Eintritts einer Thätigkeit bezeichnen, ohne dass auf eine andere Handlung dadurch Bezug
genommen wird. Es geschieht dies vorzüglich in den Formeln: une
foiz (Littré, fois 10), einmal, wie im d. „es war einmal“ d. h. zu
einer gewissen Zeit, die im Augenblick zu bestimmen nicht möglich
oder nicht nötig ist, — und: autre foiz, zu einer andern Zeit als
der gerade in Rede stehenden oder gegenwärtigen, sei es der Ver-
gangenheit (nfz. autrefois nur so) oder der Zukunft.

Une foiz a la cort le roi M'envoia ma dame an message, Ch.
lyon 1002; Il fu une foiz uns leus . .., Men. Reims 405. — Enmi les
cans seoit une cure, J. Cond. I 363, 252. — Seigneur, je sai
plus de covine de cest païs que vous ne savés, quar j'i ai esté autre
fois, Villeh. 62; „Dame, autre fois,“ fait ele, „m'avez vous dit ainsi“,
Berte 2877; car entre nous de la court nous sommes marchans
affectez qui achaptons les autres gens et autres foiz pour leur argent
nous leur vendons nostre humanité precïeuse, B. Chrest.' 449, 40. —

Praepositionale Wendungen finden sich auch in allen diesen Ausdrücken oft statt des einfachen Accus. In dem ersten der besprochenen
Fälle ist namentlich par beliebt (Raithel, a. a. O. p. 17): Par trois
foiz molt longuement Soua li corz, Ch. lyon 4859; par la force de
la maladie de l'ost se pasma il le soir par plusours foiz, Joinv. 8 a.
— Sonst findet sich vorzüglich a: Li cevaliers dist e afie Que à la
proumerainne fie Qu'il venront sus les yra coure, J. Cond. I 215,

---

*) Gewöhnl. „tel(e) heure est“ (Tobler, Zeitschr. IV 162; V 205): on
i vendoit un scatier de vin XII saus . . ,tele eure fu, R. Clari LX;
Ours ne lion n'est ne beste sauvage Qui, tel foiz est, ne fraigne son
vouloir de faire mal, Eust. le peint. (cit. Littré, fois, Hist.); s. auch
Tobler. Mitth. Gloss. „tel“.

1504. — a l'une des fois que li amiraus veoit que sa gent estoient pressei, il lour envoioit secours, Joinv. 364 a: Li roys Richars fist tant d'armes outre-mer à celle foys que il y fu que . .., eb. 372 e; Dex le gari à cele foiz, Erec 942: Plus n'en dirai a cheste fois, Vrai an. 432; Li rois respont, en Dieu amor, Por vos li pardoing à cest tor, Ren. 11834 (cit. Burg. II 293). — avint à une feiz=accidit, L. Rois 96; 11; 356.

A la foiz bedeutet „bisweilen, dann und wann". Car grans biens faisoit as pluisours, Nient à le fois, mais tous les jours, J. Cond. I 291, 46. Es wird gern verwandt nun auszudrücken, dass die Thätigkeit eines und desselben Subjectes sich an verschiedenen Zeitpunkten in verschiedener Weise äussert. Einfaches la foiz ist mir statt dessen nicht begegnet. Li bastart qui sont né en mariage, sont à le fois prové en le maniere que noz deismes dessus . . et à le fois en autre maniere, Beaum. XVIII 14; Car ainsi vont les aventures, Qui à le fois viennent moult dures Et à le fois miex qu'à souhait, J. Cond. I 188, 638. Vgl. L'unne cure gist, l'autre se lieve, J. Cond. I 224, 1753; Si ala bien une quinsainne Une eure aval et l'autre amont, eb. I 225, 1793.

Eine besondere Betrachtung macht das adverbial gebrauchte toutefois nötig, da es seine Bedeutung verschiedentlich modificirt hat. Im Afz. waren die üblichsten Formen: tote voie, totes voies (auch totevoiz, totevoies kommen vor). Zunächst heisst es: jedes Mal, alle Mal, indem es von einer Reihe gleicher Thätigkeiten jede einzelne in Betracht zieht.

De sarbote, ceo est de la dulur: si la plaie lui vient el vis en descuvert, (so muss derjenige, welcher die Wunde schlug, zahlen) al polz tuteveies VIII den., n en la teste n en auter liu n ele seit cuverte, al polz tuteveies IV den.; e de tauz os cum home trarad de la plaie, a l'os tote veie IV den., B. Chrest.³ 40, 34 ff.

Die weitere Bedeutung: immer, immerfort geht aus der von „alle Mal, in allen einzelnen Momenten" unmittelbar hervor.

Sur l'herbe verte li quens Rollanz se pasmet. Uns Sarrazins tute veie l'esguardet, Rol. 2274; Erec vait sivant tote voie Le chevalier, Erec 336; Au reconoistre molt tarda Et tote voie l'esgarda, Ch. lyon 2896; eb. 4632; 5659.

Wenn eine Thätigkeit in Bezug auf die Dauer einer andern, „immer" geschieht, so entwickelt sich daraus der Begriff der Gleichzeitigkeit; alsdann kann tote voie mit „unterdessen" übersetzt werden.

Aus tornoiemenz vont andui Par toz les leus, ou l'en tornoie

Et li anz passe tote voie, Ch. lyon 2672; a .l. mardi Vint au chastel
li cuens Aliers A sergenz et a chevaliers, Et mistrent feu et pristrent
proies. Et cil del chastel totes voies Montent et d'armes se gar-
nissent, eb. 3140.

Da sich eine immer, unter allen Umständen eintretende Thätigkeit zu einer andern, von welcher man erwartet, dass sie jene auf-
heben, an der Verwirklichung hindern wird, in Gegensatz stellt, so
erhält tote voie dann eine adversative Färbung und bedeutet: immerhin,
gleichwol. Nur in diesem Sinne gebraucht man nfz. toutefois. Zu
einer ähnlichen Bedeutungsverschiebung von tonjours cf. Littré,
toujours 5.*)

Tant li prient, que ele otroie Ce qu'ele feist tote voie, Ch. lyon
2138; Donc m'i covient il tote voie Combatre maleoit gre mien, eb.
5498; cf. eb. 325; 1559; 4772; 6615. Mult fu contrariez (li plaiz)
de cels qui volsissent que l'oz se departist, mes totes voies fu faiz
li plaiz, Villeh. 32.

B.   Accusativ des Maasses.

Der unabhängige Cas. obl. dient dazu festzustellen, über welchen
Raum, örtlich oder zeitlich, sich ein Geschehen erstreckt, oder
Grösse, Wert, Preis, Gewicht eines Seienden anzugeben, und besteht
alsdann aus je nach der Art des zu Messenden verschiedenen, als
Maasseinheiten zu Grunde gelegten Gegenständen, mit welchen verbunden Zahlen anzeigen, wie oft genommen jene für das Geschehen
oder das Seiende in Betracht kommen. Die Herstellung eines Ab-
hängigkeitsverhältnisses zwischen dem Thätigkeitsbegriff und der
Maassangabe wird nicht für nötig erachtet, da die Verständlichkeit der
Beziehung der letzteren durch den Gebrauch des blossen Accus. nicht
beeinträchtigt wird; auch mag z. B. in den Preisbestimmungen bei
acheter etc. das Streben der Geschäftssprache nach möglichst knappem
Ausdruck gewirkt haben.

Vorliebe für gedrängte Kürze begünstigt stets auch das Erstarren der betreffenden Formeln oder ihrer Elemente; letzteres findet
im Deutschen statt, welches gerade in dem absoluten Gebrauche als

---

*) Auch das mit toujours synonyme toutes eures erhielt dieselbe
Bedeutungsnüance: Tout ausement Com un aweule sans meneur Veut de
moi faire adevineur Ma dame; dont je riens ne sai De çou dont me met
en assai. Toutes eures faire l'estuet, Baud. Cond. XXI 1722 (v.
Schelers Anm.)

Maassbestimmungen theils alte, unflectirte Pluralformen erhielt, theils anderen die regelmässige Flexion in Analogie an jene nahm (Grimm, Gramm. IV 285). Aehnliches findet sich im Englischen. Im Franz. sind gewisse neutrale Ausdrücke allgemeinerer Geltung wie plus, moins, que etc. (Mätzner, Gr. 364 u. 152), afz. auch moult, quant ganz zu Adverbien geworden. Gleiches gilt von beaucoup (cf. Littré, beanc. Étym.; Gessner, zur Lehre vom fz. Pron. II p. 28 [Progr. des frz. Gymnas. 1874]), afz. grant piece, gr. masse, gr. partie (cf. engl. a great deal, a good deal; v. Tobler, Zeitschr. V 182², 183¹).

1. Räumliche Ausdehnung.

Im Lat. theilten sich Accus. u. Ablat. in die Bezeichnung der räumlichen Ausdehnung; ersterer beantwortete die Frage nach der absoluten räumlichen Grösse eines Seienden, letzterer gab den Grössenunterschied zweier mit einander verglichenen Gegenstände an. Im Afz. verschmolzen die Gebiete der beiden lat. Casus. Wir begegnen hier dem Cas. obl. des räumlichen Maasses in folgenden Verbindungen.

a. Bei Adjectiven, welche räumliche Grösse bedeuten, giebt der Accus. das Maass, in welchem dieselbe dem Gegenstande anhaftet. Hier verwandte das Franz., um die absolute Länge, Breite, Höhe etc. auszudrücken, den blossen Accus. merkwürdig selten; er findet sich z. B. Fl. u. Bl. 859: la roelle estoit un topace, qui plus estoit clere que glace; et si estoit XII piés lee. Viel häufiger sind in diesem Sinne andre Wendungen:

Die Grössenbestimmung wird als Objekt aufgefasst zum Verb avoir, dessen Subject der zu messende Gegenstand ist; die Art der Ausdehnung tritt praecisirend zur Maassangabe in Gestalt eines praepositionalen Ausdrucks mit partitivem de.

fud apelez li champiuns Goliath . . Sis alnes mesurées par le cute en avant e plain dur out de halt, L. Rois 61; Vne image fist faire d'or, Seisante cutes de haltur E sis cutes out de laur, Rou I 31; ot bien .XVII. piez de lonc, Ch. lyon 320; Cinq piés ot et demi de long, plus n'en ot mie, Berte 44; Fist ferrer le tronc de l'orme de bandes de fer tout entour qui avoient bien cinq toises de lei, Men. Reims 97: S'ont ly grant mur d'espès plus de paume et demie, Chev. Cygne 20261 (Gachet, espès); D'autre part sunt li mur de boe, Qui n'ont pas d'espès plaine paume, Rose 6131 (cit. Littré, épais); eles (les tiretaines) aient deus aunes de largece en ros, Taill. Actes 127.

Die Maassangabe findet sich auch als Object bei tenir: Toaz dras
qui tiennent XIX aunes et demie sont de celle[s] meismes coutumes,
Liv. mét. 338*), oder als absol. Accus. bei durer: Or estoit li forés
pres a .II. arbalestees, qui bien daroit .XXX. liues de lonc et de le,
Auc. 16, 29.

Ferner wird sie an das Verb. subst. mit de angereiht: Le se-
conde manière de voie qui fust fete, si fu de huit piés de largue,
Beaum. XXV 2; mit gleichem de auch als adnominale Bestimmung:
.. et i puent faire fosse de vingt pieds de le(z), Taill. Actes 160.

Im Nfz. kann ebenso verfahren werden; meist wendet dasselbe
aber die Adjectiva der Ausdehnung an und giebt die Maassangabe durch
einen appositionalen Ausdruck mit de wieder. Dies de scheint mir
dasselbe zu sein, wie in la coquine de Toinette, la ville de Paris etc.;
möglicherweise ist es aber auch causal zu fassen, da es dasjenige einführt, welches dieses oder jenes Praedikat des zu messenden Gegenstandes begründet. Der absol. Accus. ist nicht mehr gebräuchlich
(Mätzner, Synt. I 188 u. 216; Gramm. 375). Auch dies kommt afz.
vor: Li talemelier .. pueent .. porter leur estal .. por tant que
li estau(s) ne soient plus lon(s) que de V. piés, Liv. mét. 17.

b. Nicht viel beliebter ist der absol. Accus. der Ausdehnung bei
Comparativen, wo er das Maass desjenigen Raumtheils bezeichnet, um
welchen ein Seiendes ein andres übertrifft oder hinter einem andern
zurückbleibt.

Li chevaliers .. fu sanz dote Plus granz de moi la teste tote,
Ch. lyon 520; (Amanris fu) De Huon graindres un grant pié mesuré,
Huon Bord. p. 53 (cit. Clairin, Du gén. p. 275); Plus haute fu (le
table) .II. grans piés mesurés Que ne fu cele ù Kallemaines ert, eb.
p. 302. Mit Unrecht nimmt Clairin, a. a. O. p. 288, vom Nfz. aus-
gehend, eine Unterdrückung der Praepos. de an. In Karls R. 811
steht in der Hs.: Carlemaigne fut graindre plein piet e treis polz,
syntaktisch unantastbar; aber aus metrischen Rücksichten (wenn man,
was Tobler, Versbau p. 73, vom zehnsylb. epischen Verse sagt, mut.
mut. auf den Alexandriner anwenden darf) emendirt Koschwitz mit
Recht: de plein piet.

---

*) Bemerkenswert ist die Auslassung der näheren Bezeichnung der
Ausdehnung, da dieselbe an sich verständlich ist; cf. Nus boutonier[s] ne
doit rien de chose qu'il vende ne achate apartenant à son mestier, fors
que le cens de leur estaus qu'il paient au Roi; c'est à savoir, pour
chascun estal de VI piés XII s., Liv. mét. 186.

Comparativischen Sinn hat auch: Pié et demi sont trop loac li
estrié, Cor. Lo. 1133.

c. Bei den Adverbien loin u. pres giebt der absol. Accus. das
Maass entweder der zwischen zwei Punkten stattfindenden Entfernung oder, bei loin in Begleitung eines Verbum der Bewegung,
der von dem sich bewegenden Seienden zurückgelegten Wegesstrecke
d. h. also der Entfernung zwischen Ausgangs- und Endpunkt der
Bewegung.

ere à Finepople bien neuf jornées loing de Constantinople,
Villeh. 182; ne fuiroie por Turc ne por Escler Louc une lance, B.
Chrest.³ 69,22*); (li Crestien) les (les Sarrezins) requirent deus liues
loing parmi le sablon chaut et ardent, Men. Reims 155; n'avoient
pooir que il porcaçassent viande quatre arbalestées loing de l'ost,
Villeh. 86; L'on presenta au grant roy des Tartarins un cheval
chargié de farine, qui estoit venus de trois mois d'aleure loing, Joinv.
324 c.**) — Quant il fu XII lieues priés de Romme ... Ph Mousk.
4283 (T.).

d. Bei Verben der Bewegung enthält der Accus. das Maass
derjenigen Wegesstrecke, auf welcher sich dieselbe vollzieht. Dieser
Accus. berührt sich nahe mit dem pag. 6 ff. erörterten, und es
kommen für die Entscheidung, ob der Accus. adverbial oder objectiv
aufzufassen sei, dieselben Rücksichten in Betracht. Letzteres ist
jedenfalls das secundäre. Zweifelhaft kann man z. B. sein in: Plus
tost l'aurai ocis et detranchié, Que n'i iriez demi arpent à pié, Cor.
Lo. 660; Tant cum tendrez les uis n'irai un pas avant, Meyer, Rec.
315, 320; sailli bien quatre piez dedenz le fossei, Men. Reims 429.

Unbedingt Object aber ist der Accus. in den Sätzen: il n'ot pas
une archiee alee Quant il vit .. .I. chevrel, Ch. lyon 3437; Dont
n'ënssiés vos mie demie liue alée Que la citez est toute en abisme
coulée, Gui Bourg. 4292.

Ebenso sichere adverbiale Accus. hingegen liegen vor in den
folgenden:

Ensi les chacierent une liue, Villeh. 179; N'orent mie eslongié la
ville une lieuë et demie, quant .., eb. 211; IV. piés de tere l'a
souslevé, Aiol 1044. — Puis m'en eistrai en sus demie liue large,

---

*) Bartsch fasst im Glossar lonc als Subst. „Länge“; doch bleibt
mir die Stelle dann unverständlich.

**) Interessant ist hier die Bezeichnung der örtlichen Entfernung
durch die Angabe der Zeit, in welcher sie zurückgelegt wird. Nfz. pro-
vinciell: une heure de chemin, cf. Gachet, liene.

Karls R. 609; Neis siudre ne convoier Ne s'i vost il lessier un pas, Ch. lyon 3315; Et il a une pointe feite Tant, que d'ax .I. arpant s'esloigne, eb. 4479. Die Bewegung wird von zwei Subjekten von einem Punkte aus nach zwei entgegengesetzten Seiten ausgeführt: il s'entresloignent un arpent et demi, Cor. Lo. 2526; ähnl. Erec 859. — Granz quinze lieues en est la voix allée, Rouc. p. 84 (cit. Littré, grand, Hist.) — In dem Satze: Granz .XXX. liwes l'oirent il respundre, Rol. 1756, wird die Entfernung der beiden Thätigkeiten des Ant- wortens und des Hörens angesehen als der von dem Schall zurückge- legte Weg; in respundre wird die Bewegung des Schalles ausgesprochen. Allgemeine Maassangaben: Looys le convoia grant masse, Cor. Lo. 257; Or le comandent a deu tuit, Que grant piece l'orent conduit, Ch. lyon 5788; Joinv. 134 d: il les chaça une grant piece arriere, Villeh. 256; une piece me treis arriere, Ch. lyon 283; Un po se sont arrieres tret, eb. 6144: un petit est avant alez, Erec 367.

e. Entsprechend seiner Anwendung bei Comparativen dient der Accus. auch zur Ergänzung von Verben, welche einen comparativischen Begriff in sich schliessen und bezeichnet die Differenz zwischen der Ausdehnung eines Gegenstandes vor und nach dem Vollzuge der durch das Verb bezeichneten Thätigkeit, deren Subject oder Object er ist.

Grant demi pié les (les estriés) a lors acorciez, Cor. Lo 1134; .I. petit les (les lances) ont aloigniees, Ch. lyon 2248.

f. Liegt eine Thätigkeit vor, welche nicht räumliche Bewegung oder Ausdehnung bedeutet, so kann durch den Acc. des localen Maasses derjenige Raum angegeben werden, welchen dieselbe einnimmt, wenn durch eine adverbiale Bestimmung noch der Ort, die Richtung der Thätigkeit, die Art ihrer Ausdehnung ausgesagt wird.

(Aigline) ot vestu un bliaut de cendel, qui granz deus aunes trainoit par les prez, Rom. u. Past. I 13, 17; que touz ceus qui font tapis sarrasinois plains et ouvrez tieingnent cet usage diz lieues en touz sens de Paris, Liv. mét. 409; Touz li flums estoit pleins de morz dès l'une rive jusques à l'autre et de lonc bien le giet d'une pierre menue, Joinv. 192 f

g. Endlich giebt der adverbiale Accus. auch die Entfernung an, durch welche von einem Seienden getrennt eine Thätigkeit sich voll- zieht oder bis auf welche eine Annäherung derselben an jenes stattfindet. (In diesem Sinne bei loin u. pres s. o. p. 23).

Sublacus, li qneiz lius estanz pres uint leues del borc de Romme gettet fors froides aigues=S. qui ab Romana urbe XL fere milibus distans . ., Dial. Greg. 57,5; ne l'ot talent de laissier Ensus de lui

plaiu pié arrier, Cleom. 14669 (cit. Gött. gel. Anz. 1875, 1067);
. . et s'en alcrent hastivement aprés le chardenal, et l'ateindrent une
liue ensus de la vile et l'arresterent, Men. Reims 220; dormoit . .
eu sa nef qui bien estoit une lieue devant la nostre, Joinv. 436 a;
A nostre main destre, bien le trait à une grant arbalestree, ariva la
galie, eb. 106 b; Venoit vers le fium bien le giet d'une pierre
poignant, eb. 180 f.

Ueber Ausdruckswcisen für das Maass räumlicher Entfernung gebildet mit praedicativem plein s. u.

Was den Gebrauch von Praepositionen zur Angabe der Entfernung,
aulangt, so fällt hier a der Hauptantheil zu (Mätzner, Gr. 384). So
bei loin u. pres: Li baron d'outre mer se descordèrent dou chastel
refermer, pour ce que c'estoit loing de la mer à cinq lieues, Joinv.
370 b; Or estoit li forés prcs a .II. arbalestecs, Auc. 16, 28.

à peu près, à beaucoup près, à cela (quelque chose) près etc.
sind hier anch ihrer Bildung nach anzureihen; peu, beaucoup etc.
bezeichnen in diesen Formeln die Entfernung, auf welche der wirk-
liche Ausgang einer Thätigkeit einem möglichen nahekommt oder auch
die Differenz, durch welche sich der Inhalt eines Seienden von dem
eines andern unterscheidet; die ursprüngliche Maassangabe kann in
letzterem Falle durch jedes beliebige Substantiv ersetzt werden (cf.
Littré, près 3—7).

Für loin mit de vor der Angabe des Entfernungsmaasses giebt
Clairin, Géu. p. 203 ein Beispiel. (Villeh. 92).

Zur Bezeichnung der zurückgelegten Wegesstrecke scheinen
Praepositionen weniger verwandt worden zu sein. Dagegen dient a
um die Entfernung zu bezeichnen, entsprechend obigem Fall g. des
absol. Casus.

tendirent leur treis et leur pavillons tout entour le chastel au
get d'une anbalestre à tour, Men. Reims 104; arivames à un port
qui estoit à dous lieues d'un chastel, Joinv. 436 f; Li maistres de
Saint-Ladre ot espié delez Ramea, à trois grans lieues, bestes et
autres choses, eb. 360 b.

Die Anschauung der Entfernung liegt auch zu Grunde in den
afz. Wendungen: a po (un petit) . . ne . . od. a po (un petit), que
. . ne . .; po u. un petit bezeichnen hier den Raum zwischen dem
thatsächlichen Endpunkte einer Thätigkeit und einem nicht erreichten
möglichst hochgradigen Ausgange derselben, welcher in einem negativen Satze beigefügt wird. (Der Gebrauch der Negation ist hier
logisch nicht zu rechtfertigen: er wird herbeigeführt durch die sich

anfdrängende Anschauung der Wirklichkeit.) Cf. Burg. 11 387. a po li cuers ne li manti, Ch. lyon 870; a po, qu'il ne l'anbrace, eb. 884; A bien petit que il ne pert le sens, Rol. 326; vgl. tute est nient devenue (la citéz de Lune) E a bien poi tute perdue, Rou 1 497. Häufig auch par (s Raithel, a. a. O. p. 39): Par un petit cent peus ne li erraiche, Charr. Nym. 1318; ferner por: nostre tors la sus por poi ne fu versée, Meyer, Rec. 264.

Ueber de, insofern es das Maass des Unterschiedes einführt, handelt Mätzner, Gr. 375, Tobler, Zeitschr. V 181 ff.

2. Zeitliche Ausdehnung.

Der absolute Accus. dient zur Bezeichnung der Zeitdauer; er giebt den Zeitraum an, durch welchen sich eine Handlung oder ein Zustand erstreckt. Das Lat. ging bereits mit dem Accus. (seltner der Ablat., cf. Draeger I 534) voran. Indem der Zeitraum als das bei der Thätigkeit Aufgewandte angesehen wird, wird auch eine Auffassung der hierhergehörigen Ausdrücke als directer Objecte möglich und begreiflich, und es ist in der That in vielen Fällen (wenn nicht bereits ein Object des Thätigkeitsbegriffs vorhanden ist oder der letztere in einem mit être conjugirten Intransitiv oder in einem Passiv besteht) nicht bestimmt festzustellen, ob die adverbiale oder die objective Function des Accus. anzunehmen ist. So z. B. in den Sätzen: Iloc converset eisi dis e set ans, Alex. 55 a: Jorz i sejorna, ne sai quanz, Ch. lyon 4692. Entscheiden würde hier in zusammengesetzten Zeiten das Particip, welches in Bezug auf die Zeitbestimmung verändert werden könnte. Das Nfz. nun hat die Unveränderlichkeit des Particips zur Regel gemacht: in Sätzen wie: les jours qu'a duré cette bataille . . ist que also relatives Adverb. (cf. Littré, dormir 4 u. 9 u. Rem.; Mätzner, Gr. 363 u. 434). Im Afz. finden sich öfter Beispiele vom entgegengesetzten Verfahren, wie sich dasselbe schon mehrmals bei localen Bestimmungen gezeigt hat: En la cuisine a puis .VII. ans estez, Bat. d'Alesch. 4365; La nuit a toute ensi vellie De si que l'aube est esclarcie, Percev. 24465 (T.); Ensi . . Ont il dormie la nuit toute, eb. 26397 (T.).

Als sichere adverbiale Accusative mögen folgende genügen.

Li mien barun, nurrit vus ai lung tens, Rol. 3374; ne toldrai pas à lui le regne, einz le sofferai tut sun vivant, L. Rois 280; Tout son vivant l'a soustenue (l'honnour), J. Cond. I 292, 65; en tel maniere se combatirent bien l'ore d'une liue d'un home à pié,

Beaum. LXI 63*); Quinzainne se sont reposé, J. Cond. I 215, 1496;
ont esté jnges del pople quarante anz, L. Rois 16; Ainsi furent tout
l'hiver que riens n'i esploitierent, Men. Reims 54; Nns hom du mestier
devant dit, qui est passé LX ans d'eage, ne doit point de gueit, Liv.
mét. 44.

Um im Allgemeinen grosse oder kleine Dauer zu bezeichnen,
dienen hier zum Theil dieselben Ausdrücke, welche schon beim localen Accus. des Masses begegneten: grant partie, Ch. lyon 5312;
grant piece, Charr. Nym. 419; une piece, Ch. lyon 6358; un po, eb. 4049;
.I. petit, eb. 547. Bemerkenswert ist hier der weniger häufige adverbiale
Gebrauch des Subst. plenté, Ueberfluss, Fülle, Menge, in der Bedeutung
„lange", wie ihn Gachet zwei Mal belegt: Uns chines le mena en
nng batiel plenté, Ch. cygne 3274; Mais se je suy là-hors, j'atenderay
plenté, eb. 22846. Vorherging dieser spezielleren Geltung die allgemeine von plenté, grant plenté als „in grosser Menge, viel"; cf. u.

Als Zeitadverb zu betrachten ist totejor, den ganzen Tag über,
dessen Bildung lange verkannt wurde. Tobler, Zeitschr. II 628, erklärt es ans *totum ad diurnum. Ebensowenig wie hier jor ist im
prov. totadia (Boeth. 79; 118) dia als Femin. u. der ganze Ausdruck
als absol. Accus. anzusehen. Ersteres wird klar aus der Stelle: Là
taille toutejour entier A maniere de carpentier, J. Cond. I 75, 135
(cf. Schelers Note). Andre Beispiele: Tutejurn se deportent, Karls
R. 702; Totejor m'i avoit espié, Cor. Lo. 2189; tel haine et tel des-
corde I ai bui totejor vene, Ch. lyon 6317; cil manke qui totejor et
tote nuit cropent devant ces antex, Auc. 6, 27.

Für einen verstümmelten Accus. des zeitlichen Maasses könnte
man auch das nfz. tandis halten, das dann einem afz., mir nicht begegneten, tanz dis entsprechen würde; vgl. . . : et queut-on ces XL
s. tant dis que la foire Saint-Germain siet, Liv. mét. 237. Aber
prov. tandius u. quandius (Boeth. 1) weisen wol auf tam diu als
Etymon.

Von Praepositionen kommt für den Ausdruck zeitlicher Dauer
namentlich par in Betracht, welches, entsprechend lat. per, das Sich-
hinziehen einer Thätigkeit durch eine gewisse Zeitstrecke am an-
schaulichsten macht (Raithel, a. a. O. p. 16).

---

*) d. h. die Zeit, die ein Mann gebraucht, um eine Meile zu Fuss zu
geben; ore=Zeit auch sonst: il l'estrangla en moult peu d'eure, J. Cond.
I 333, 979. Die Anmerkung des Herausgebers: „Pendant la durée d'un
iour. Liue ou luye vient de lux et signifie jour" ist verfehlt.

Equi estevent per mulz anz, Pass. 95 d; Par deus anz l'a il jà
eu (l'esprevier), Erec 589; Se Diex ne m'eust aidié .. je l'eusse
souffert à peinne par si lonc tems, comme par l'espace de six ans,
Joinv. 76 f.

Doch findet sich auch por: Ensi dura cil asalz bien por cinq
jorz, Villeh. 42.

Der absol. Cas. obl. kann auch die zeitliche Entfernung eines
Ereignisses von einem bestimmten Zeitpunkte enthalten und antwortet
demnach auf die Frage: wie lange vorher od. nachher? Dieser Accus.
entspricht dem p. 22 besprochenen, der bei Comparativen das Maass
der räumlichen Differenz angiebt; apres u. devant können in vielen
hierhergehörigen Fällen mit „später" od. „früher" übersetzt werden.

Un diemenche, .XV. jorz après Pasques, Estoit à Rome Guillaumes,
Cor. Lo. 1420; mille cent quatre-vinz et dix huit ans après l'Incarnation .. ot un saint home en France, qui . . ., Villeh. 1; Ensi se
partirent del port de Corfol, la veille de Pentecoste, qui fu M et CC
ans et trois aprés l'incarnation . ., eb. 62; La parole sor enfer brisié
de parole si dist Diex à Job lonc tans avant ce qu'il venist en tere,
Joinv. 518 g; Un petit devant le jour Me levai lautrier, Afz. Lieder
XLI 2: murent trois liues devant le jour et vinrent à l'enjournée à
Cesaire, Men. Reims 210*).

Folgender nfz. Satz zeigt das die locale Entfernung bezeichnende
à in temporaler Verwendung: A six mois de là, considérez de nou-
veau le même jeune homme, vous ne le reconnaltrez plus, Rouss.
Émile II, IV.

Man giebt dem Gedanken auch oft eine andere Wendung, indem
man statt zu sagen, ein Geschehen sei so u. so viel gleiche Zeitabschnitte vor od. nach einem Termin eingetreten, den Zeitabschnitt,
in dem das Geschehen stattfindet, als den so u. so vielten vor od.
nach dem Termin verflossener, jenem gleicher Zeitabschnitte
bezeichnet.

Tierz jur devant ço que David revenist à sa cited Sicelech, ces
d'Amalech la cited asaillirent = Cumque venissent David et viri ejus
in Siceleg die tertia, Amalecitae impetum fecerant, L. Rois 114; Au
tierch jour apriès l'espousa, J. Cond. I 349, 1500. —

*) liue bezeichnet hier die Zeit, welche man gebraucht, eine Meile
zurückzulegen, also, was in dem p. 26 citirten Beispiele Beaum. LXI 63
l'ore d'une liue d'un home à pié sagen wollte. Cf. dazu Gachet, lieue.
Ueber die entgegengesetzte Umdeutung ursprünglich zeitlicher Maasse in
solche des Raumes s. o. p. 22.

Das Lat. gebrauchte den absol. Ablat. zur Angabe des Zeitraums, in welchem eine Handlung zum Abschluss gelangt. Hier wendet das Franz. stets praepositionale Formeln an.

s'il pot dedenz un an et un jur truver le larrun e amener a justice, si li rendra cil les vint solz, B. Chrest.³ 39, 21; Alexandre . . Duze regnes prist en duze anz, Rou I 42; il vint à Marseilles en quatorze jourz, Men. Reims 140; se il dens trois jors ne le trove (le beste), ja mais n'iert garis de son mehaig, Auc. 18, 35; adont le doit on contraindre qu'il ait rendu de son heritage dedens quarante jors, Beaum. LIV 1; converra les X lib. paier dedens quinzaine, Taill. Actes 48.

Um das Alter jemandes anzugeben, fügte das Lat. die Anzahl der Jahre im Accus. zu natus. Auch hier schlug das Franz. eigne Wege ein. Entweder wird das Adj. âgé mit der Zeitangabe durch de verbunden, dasselbe de, welches sich bei Adjectiven der räumlichen Ausdehnung (s. p. 22) zeigte. Dem analog afz. auch jeune: un sien boin levrier retient Qui jounes iert d'an et demi, J. Cond. I 326, 741. Oder die Summe der Jahre wird als Besitz aufgefasst u. durch avoir mit dem betr. Scienden verbunden: (Carles) dous cenz ans ad e mielz, Rol. 539; plus ad de .II. C. anz, eb. 552; Mesire ert moines, n'a que .XV. anz entiers, Cor. Lo. 105; il n'avoit pas XVIII. anz, Ch. lyon 5268; tant servi que il ot vint [et] huit ans, Men. Reims 137; disoit que, puisque le demisele estoit mariée, combien que ele eust d'aage, ele estoit en aage de terre tenir, Beaum. XV 29. — Eine dritte Ausdrucksweise zeigt folgender Satz: fu li jourz pris de l'enfant couronneir, qui estoit de l'aage de quatorze ans, au jour de la feste saint Andrieu, Men. Reims 337; cf. vous dirons dou roi de France qui estoit en l'aage de vint ans, eb. 354. Eine Combination dieser und der ersten Art der Altersbestimmung liegt vor in der Stelle: il estoit jnenes de l'aage de quatorze ans, Men. Reims 135.

3. Wert, Preis, Gewicht.

Die Accusative des Wertes, Preises und Gewichts geben an, in welchem Maassverhältnis ein Seiendes nach diesen drei Richtungen hin zu anderen Seienden steht, welche, namentlich für die beiden letzteren Kategorieen, für diese Vergleiche als Maasseinheiten allgemein anerkannt sind. Die hier in Anwendung kommenden Verbalbegriffe sind vorzüglich die des Geltens, Schätzens, Kostens, Kaufens, Verkaufens u. Wiegens. Unter diesen nehmen valoir u. coûter insofern eine besondere Stelle ein, als ihr Verhältnis zu dem sie begleitenden Accusativ einer doppelten Auffassung fähig ist. Nur die Accusative, welche eine den objektiven Wert und Preis angebende Summe enthalten, werden allgemeiu als adverbial betrachtet, und demgemäss übt auch das dieselben vertretende Relativpron. auf die folgenden Partic. valu u. coûté keinen Einfluss aus. In diesem Falle bleibt es ganz unberücksichtigt, ob die betreffende Summe wirklich gezahlt ist oder nicht*). Darüber kann nun kein Zweifel bestehen, wenn die Accusative Sciende bezeichnen, die durch das Subject jener Verben erst ins Leben gerufen werden, wie z. B. Affecte oder sonst Dinge, die als unmittelbare Folge oder als Ziel jenes Subjectsbegriffes erscheinen, cf. la gloire que cette action lui a value, la peine que ce travail lui a coûtée. Hier werden valoir u. coûter synonym mit procurer u. causer, und die Auffassung jener Accus. als directer Objecte ist ganz unbedenklich. Dennoch gehen die Meinungen der franz. Grammatiker in diesem Falle auseinander. Die Academie, welche sich über valoir gar nicht ausspricht, sieht coûter stets als Intransitiv an. Ebenso Littré, coûter Rem., obgleich er aus den hervorragendsten Autoren Belege für das entgegengesetzte Verfahren bringt. Für valoir macht er den oben angegebenen Unterschied, cf. valoir 14 u. Rem. 2 u. 3. Die Grammaire des gramm. (p. 266) u. Aubertin (a. a. O.) unterscheiden sowol für valoir als für coûter die doppelte Anschauung, und dies dürfte nach Allem wohl die der Praxis am meisten entsprechende Ansicht sein**).

Alles dies gilt aber nur für das Nfz.; im Afz. setzt die grössere Freiheit bezüglich der Congruenz des Partic. der Erkennbarkeit des Charakters des Accusativs eine gewisse Schranke; doch hat er in den meisten Fällen wol adverbiale Geltung, ohne dass man deshalb eine Ellipse anzunehmen hat, wie Littré thut, indem er die vollständigen Wendungen: cette étoffe vaut pour dix francs, cela m'a coûté pour dix francs etc. lauten lässt. Auch das Lat. hatte in gleichen Fällen bereits den blossen Genitiv bzw. den Ablativ, bei pondo pendere od. valere den Accus. gebraucht, und andere Sprachen gestatten, wenn

---

*) Ist dies offenbar geschehen, so will Aubertin, Gramm. mod. des écriv. franç. p. 391, die Veränderung des Part. valu. Auch Littré bringt unter valoir 14, v. a. den Satz: Cette terre lui vaut dix mille francs de rente, wonach man sagen müsste: Les dix mille francs d. r. que cette terre lui a valus.

**) Dass peser in seinen beiden Bedeutungen wiegen u. wägen auch verschiedene Stellung zu dem es begleitenden Accus. hat, der ja nur im ersten Falle ein Maass für das Subject enthalten kann, im letzteren aber das Object bezeichnet, an dem sich die Thätigkeit vollzieht, hat nichts Auffälliges; cf. Littré, peser Rem.

auch nicht in demselben Umfange wie das Französische, dem absol.
Accus. ebenfalls eine weite Anwendung auf diesem Gebiete. Für das
Afz. nun ergiebt sich im Einzelnen Folgendes:

Die Wertangabe geschieht absolut nach dem Maasse des land-
läufigen Geldes.

valoir. il n'a si ciere beste en ceste forest . . dont uns des
menbres vaille plus de dex deniers u de trois an plus, Auc. 18, 28;
(La coronne) Cent mile mars valoit et plus, Berte 275; Sa grant
richesse apparut en un paveillon . . qui valoit bien cinq cens livres,
Joinv. 94 c.; li abbes de Clyngny . . li presenta dous palefrois qui
vauroient bien aujourd'ui cinq cens livres, eb. 438 f.

Wird vaillant substantiv. gebraucht in der Bedeutung „das, was
gilt", so steht ebenfalls der adverbiale Accus. dabei: de toutes les
rentes que on donne as karites de cheste ville . . chius cui li yretages
est, le pneut racater au vaillant XXV livres d'Artois le marck, Taill.
Actes 345.

prisier. Li arpens de bois . . est prisiés dix sous l'arpent,
Beaum. XXVII 12; le muis est prisiés vingt sous, eb. XXVII 16;
Li vins formentix . . doit estre prisiés douze sous le mui de rente,
eb. XXVII 25. —

Das zu schätzende Seiende wird mit einem andern derselben
Gattung verglichen und festgestellt, ob es demselben, von einem aus
dem Zusammenhange sich ergebenden Gesichtspunkte aus betrachtet,
gleichkomme oder nicht.

valoir. cist gas valt treis des altres, Karls R. 616: li suens
(hauberz) ne vaut A chascun gueres plus d'un froc, Ch. lyon 845;
certes une chanbericre Ne valent tuit . . Li chevalier, eb. 1630; se
jou vif, ma vie vanra bien mort, Afz. Lieder VII 13.

In diesen Sätzen dürfte der adverbiale Character des Accus. all-
mählich ganz verschwunden sein, so sicher in folgender Stelle: onques
. . Chevaliers sor cheval ne sist, Qui de rien nule vos vausist! Ch.
lyon 1290.

In diesem, wie im vorigen Falle findet sich bei prisier auch a:
li merriens fu prisiez à dix mille livres et plus, Joinv. 140 c; Suz
ciel n'ad rei qu'il prist à un enfant, Rol. 2739; namentlich wird a
gebraucht, wo die Schätzung der in einer Gesammtheit vorhandenen
Einzelbestandtheile vorgenommen wird: A trente milie chevaliers la
preisièrent (l'eschiele), Rol. 3029; vgl. tant des autres chevaliers
(furent mort) que il furent esmei à trois cens, Joinv. 146 b; fu . .
li despens tansié[z] à cent mil livres de tournois, Men. Reims 435. —

Zur Bezeichnung der Wertlosigkeit eines Seienden werden Ob-

jecte verwandt, die häufig keinerlei Beziehung zum Inhalte des in
Rede stehenden Gegenstandes haben, indem ihrer allgemein· oder
wenigstens für das in Betracht kommende Individuum anerkannten
Nichtigkeit und Unscheinbarkeit der Wert des betreffenden Seienden
durch eine negative Aussage noch untergeordnet wird. Das Afz. —
und ihm schliessen sich andre Sprachen des Mittelalters an — ist
ungemein reich an dergleichen Ausdrücken, namentlich sind die volkstümlichen Epen unermüdlich immer·neue Objecte zum Vergleiche
herbeizuziehen und geben damit ein Bild von der grossen Lebhaftigkeit des Gedankenflugs und der Sinnlichkeit der Ausdrucksweise jener
Zeit. Vgl. Diez III 429 u. 444; Perle, die Negation im Afz. (Zeitschr.
II 407 ff.); auch Draeger I 464 u. 567.

valoir. Sis bons escuz un denier ne li valt, Rol. 1262; N'i ai
conquis vaillissant un festu, Charr. Nym. 259; N'i ai conquis vaillant
un fer de lance, eb. 278; Ne troveroiz .. Qui vos en toille vaillissant
un fromage, Cor. Lo 478; La vielle broigne ne li valut un paile,
eb. 909; La ne vaudra pere au fill un bouton, eb. 1003; Ne valent
mes ti cop un haveton, eb. 1052; Tous vos François ne valent pas
maaille, eb. 2418; Tot ce ne vat un guant, Meyer, Rec. 333, 779;
Vous ne valez pas une pomme pourrie, Men. Reims 10; Il est voirs
et bien le connois Que ne valoie pas .II. nois, J. Cond. I 203, 1116.

prisier. Trestuz les altres ne pris jo mie un guant, Rol. 3189;
(Li rois) ne prise home qui soit .I. oef pele, Tobler, Mitth. 4, 9;
Tot le mont ne pris une bille, Erec 536; Mes sires Loueys ne prisa
un pois quanque li apostoiles li manda, Men. Reims 300.

Dem gegenüber sind der Wendungen, die man gebrauchte, um
einen möglichst hohen Wert auszudrücken, sehr wenige; die Phantasie
bewegte sich hier in weit engeren Grenzen. Besonders gern stellte
man das Nächstliegende, den Reichtum, als etwas sehr hoch zu
Schätzendes hin: Men aniel vous donrai, ki vaut l'avoir de dis chites,
Vrai an. 109; Sa simple esgardeüre Valt .I. tresor d'or et d'argent,
Meyer, Rec. 372, 23.

In einigen der obigen Citate sehen wir die geringfügigen Gegenstände adverbial bei den substantivirten vaillant und vaillissant = was
wert ist, welche in jenen Fällen directe Objecte sind. Nun können
auch diese ihrerseits wieder die Stellung einer adverbialen Bestimmung haben:

Ne l'enpira vaillant un esperon, Cor. Lo. 1049; Il ne se prise
valisant .I. festu, Meyer, Rec. 260, 223; La coiffe n'y valut ung
seul denier vaillant, Ch. Cygne 13198 (cit. Gachet, vaillant).

Wie hier die Aussage durch vaillant und vaillissant erweitert ist,
kann dies auch in der Weise geschehen, dass ausdrücklich der Wert,
Betrag des nichtigen Dinges, nicht dieses selbst als Maassbestimmung
hingestellt wird.
Haubert[z] n'i vaut la monte d'un festu, Cor. Lo. 1209; Je ne
me pris le montant d'un denier, Meyer, Rec. 262, 287; Ne pris
Mahon le monte d'un besant, B. Chrest.² 188, 25; Ne prisent voz
menaces le pris d'une chastaine, Chans. Sax. I 52. —
Die Angaben des Preises eines käuflichen oder gekauften Gegenstandes werden den Verben coûter, vendre, acheter afz. wie nfz. im
absol. Cas. obl. beigegeben (s. Mätzner, Gramm. 364).
coster. il volsist, qu'il fussent tuit ars, Si li eust coste cent
mars, Ch. lyon 1276; N'avoit mie .XX. solz coste Li setiers, eb. 2846;
li marciés couste soissante livres au vendeur quites, Beaum. LII 26;
La royne . . fist acheter toutes les viandes de la ville, qui li
cousterent trois cens et soixante mille livres et plus, Joinv. 266 b;
cf. eb. 16 c, 376 a.
Auffallend ist der Accus. des Preises in folgenden Sätzen, wo
man nach li pris est den Nominativ erwartet. Bei allen drei Beispielen tritt die Maasseinheit hinzu (im Accus. oder in zweifelhafter
Form, s. u. p. 36), und deren Preis wird angegeben, damit der Hörer
darnach den der Gesammtheit berechne. Es entsteht dadurch eine
Anakoluthie, welcher vielleicht der auffällige Accus. des Preises zu
verdanken ist. Drois pris d'eritage . . si est le muis de terre
soixante sous par an, Beaum. XXVII 11; Li pris des vignes . . si
est l'arpens quarante sous, eb. XXVII 14; Pris de prés . . si est
l'arpent vingt sous, eb. XXVII 15.
vendre. il vendit son cheual doze besanz = equum suum
duodecim aureis uendidit, Dial. Greg. 37, 18; on i vendoit un sestier
de vin XII sans XIIII sans XV sans, tele eure fu, et une geline XX
sans et un oef II deniers, R. Clary LX; Se aucuns talemelier[s]
vent III pains doubliaus plus de VI deniers ou mains de V obole[s],
il pert le pain, Liv. Mét. 11; que nus ne venge luisiel plus haut de
XV sols de douisiens, Taill. Actes 351; sil le vent (le vin) plus ke
le fuer de le vile, il en est a XX s., eb. 399. — Nule(s) piaus de
loire . . ne doit point de ob. de tonlieu . . se la piau[s] n'est vendue
XII den. ou plus, Liv. mét. 326; li heritages qui fu vendus soissante
livres quites au vendeur . ., Beaum. LII 26. Vergl. auch: Ostes,
que vent-on le sistier, Et quant fu cis vins aforez? Barb. u. M.
I 361, 164.

Por, par u. a. können daneben auftreten: vendirent al segnor Henri Wanbe XIII boniers de bos .. por XVI loenisiens de cens .., Taill. Actes 6; il li avoit cel heritage vendu par cbertain pris d'argent, Beaum. XXVII 9; Tout li talemelier de Paris et d'ailleurs pueent vendre .. pain à touz feurs, Liv. mét. 13. acbeter. il ameroient miex mettre lour cors en avanture de noïer, que ce que il achetassent une nef quatre mille livres et plus, Joinv. 420 a. Beispiele aus Commines, Zeitschr. I 197. — Mit Praepos.: pour yretages quil aront areutet le puent racater pour XVIII mars le marc, Taill. Actes 365; Se jou et mes hoirs poons trouver markaus al tans dou vendage ki a plus cbier pris acathent le bos .., eb. 62. Zu de in diesem Falle cf. Clairin, Gén. p. 204.

Im Allgemeinen scheint die praepositionale Wendung den Vorzug zu haben, wenn der Preis nicht bestimmt in Zahlen ausgedrückt ist. Doch findet man fuer z. B. apch absolut, ganz abgesehen von den oben genannten Verben, wenn der für eine Arbeit zu entrichtende Preis in Rede steht: comment et quel fuer maunier de ble moelent, Taill. Actes 430. Ferner ist wol das ufz. bon marché ebenfalls als adverbiale, den Preisbestimmungen analoge Wendung anzuerkennen, cf. Littré, marché 11 u. Rem. 2, wo er den Gebrauch dieser Phrase ohne à mit Unrecht als nicht autorisirt tadelt. —

Gewichtsangaben zeigen folgende Stellen: li halberes pesad cinc milie sicles, L. Rois 61; XXIII parisis tornois poisent XVI esterlins, Taill. Actes 259; N en i remaindrat ja pesant une escaluigne, Karls R. 575.

Als Accusative des Maasses sind auch diejenigen Bezeichnungen kleinster Quantitäten anzuschen, welche in Begleitung der Negation dazu dienen, das Stattfinden einer Thätigkeit auch in dem geringsten Maasse zu leugnen. Die grösste Mannigfaltigkeit derartiger Bestimmungen zeigt sich, wie wir oben gesehen haben, bei den Verben des Geltens und Schätzens, um die Wertlosigkeit auszudrücken. Von allgemeinerem Gebrauch sind geworden: pas, point, mie. Bei den ersteren beiden dürfte wol, um diese Anwendung zu erklären, von Sätzen auszugehen sein, in denen sie noch ein kleinstes räumliches Maass bezeichnen (s. o. p. 23), wie pas in: Un Sarrazin i out .. Co est Climborins, qui pas ne fuit pur hume, Rol. 1485; Tant cum tendrez les nis n'irai un pas avant, Meyer, Rec. 315, 320; A Deu senz companion pas aleir ne voloit. eb. 328, 142.

Für das Nähere verweise ich auf Diez und Perle, a. a. O., ferner Tobler, Zeitschr. II 389. Nur einiges wenige mag hier noch seine Stelle finden.

nient und rien mit ne zusammen einer starken Verneinung
gleichwertig (cf Littré, rien 23):

Li arcevesques plus de mil colps i rent, Li .XII. per ne s'en
targent nient, Rol. 1415; tu murras, e nient ne viveras = morieris
enim tu, et non vives, L. Rois 416; nient n'est enluminee (la lune),
Comp. 2768; Ne me verrez pur ço, fait il, rien esmaier, Meyer,
Rec. 311, 229. Eine Unterdrückung von de in diesen Fällen mit
Clairin, Gén. p. 288, anzunehmen, ist unnötig. Allerdings findet sich
de rien in ähnlicher Geltung (Perle, Zeitschr. II 23): de rien ne
s'esbahi, Meyer Rec. 318, 408; tu ne l'as de riens meffait, J. Cond.
I 66, 103. Aber hier ist die Anschauung eine causale, während wir
es in dem absoluten rien mit einer Maassbestimmung zu thun haben.
Dazu kommt, dass andere Sprachen ganz denselben Uebergang in den
Functionen des Ausdrucks für das Nichtseiende zeigen und manchmal
nur die secundäre für denselben behalten, so dass sie die ursprüngliche
mit neuen Mitteln bezeichnen müssen. (Vgl. d. nicht, engl. not.
Doch auch engl. nothing erscheint wiederum für not [schon bei Orm
cf. Koch II § 378]: heo nas noþing bliþe, King Horn 278; eb. 1172;
Of long servise avaunte I me nothing, Chaucer ed. Morris IV 67
470; eb. II 241, 308; ebenso neuengl. Ueber Analoges im Lat. cf.
Draeger I 390).

nient negirt oft auch allein einen Satztheil, welcher zu einem
andern, parallelen im Gegensatz steht; in nient war ja ein wirklich
negatives Element schon vorhanden (Perle, Zeitschr. II 18): Deus
fat morz . . pur nos annmes cunquerre sulunc s'humanitet, nient
sulunc deïtet, Comp. 1534; 1882 etc.; Tes enfances deves vos faire,
nïeut baer a folie! Auc. 10, 42; de Diu le tienent (le terre) et
nient dautruy, Taill. Actes 250; grans biens faisoit as pluisours, Nient
à le fois, mais tous les jours, J. Cond. I 291, 46.

Namentlich verbindet sich nient gern mit einem Adjectiv oder
Particip, um den Mangel der in demselben ausgedrückten Eigenschaft
zu bezeichnen.

De vestures nient coulourees doivent estre li frere et li (l. les)
sereur[s] vesti, Taill. Actes 69; Dauid donat la sentence contre lo
nient culpable filh de Jonathas = contra innocentem Jonathae filium,
Dial. Greg. 24, 13; nient borteit = inoffenso, eb. 63, 3; nient uolentria
= inuiti, eb. 36, 8: 73, 13; par nient loisables faiz = per actus
illicitos, eb. 61, 8; nient moblement = immobiliter, eb. 71, 5; 73,
18: nient present = absentem, eb. 77, 22 u. 24. —

Abgesehen von den Orts- und Zeitbestimmungen und den Angaben des Wertes etc. bei den aufgeführten Verben sowie den „Füll-

wörtern der Negation", begegnet der absol. Accus. des Maasses noch in einzelnen, besonderen Fällen.

In den beiden folgenden Sätzen giebt er das Maass, auf welches sich die jemandem zugefügte Schädigung erstreckt: Ne l'empira vaillant un esperon, Cor. Lo. 1049; il li fist damage le valant dun mui de blet, Taill. Actes 138.

Wenn der Preis für eine Gesammtheit von Dingen oder eine Gesammtmasse nicht direct angegeben, sondern die Berechnung nach Maassgabe des Einzelbestandtheils überlassen wird, so tritt auch diese Maasseinheit in den Accus.: Li vins formentix .. doit estre prisiés douze sous le mui de rente, Beaum. XXVII 25; Pris de prés .. si est l'arpent vingt sous; eb. XXVII 15; selbst: Li arpens de bois .. est prisiés dix sous l'arpent, eb. XXVII 12. Auch der Nominativ, an und für sich ebenso gut möglich wie der Accus. und unserem Sprachgebrauch entsprechend, scheint hier verwandt worden zu sein; wenigstens zeigt sich in folgenden Sätzen ein Schwanken zwischen Nom.- und Accus.-Form. Drois pris d'eritage .. si est le muis de terre soixante sous par an, eb. XXVII 11; Li pris des vignes .. si est l'arpens quarante sous, eb. XXVII 14.

Eine Distribution geschieht durch die Formeln: moitié-moitié; demie-demie, partie-partie, welche bezeichnen, dass den einzelnen Theilen einer Gesammtheit verschiedene Attribute zukommen, oder dass eine Thätigkeit sich in verschiedener Weise oder nach verschiedenen Richtungen hin äussert. Wo eine appositionelle Auffassung der correspondirenden Glieder dieser Formeln nicht möglich ist, sind sie als adverbiale Accus. Mensurae anzusehen. So in folgenden Sätzen: .. seroient a IX lib. cil sour cui on le trouveroit (le coutiel) .. moitiet a le vile moitiet as signeurs, Taill. Actes 425; il est a X lib. moitie a nous et moitie le commugne, eb. 47; Varianten: se aucuns fiert aucun .. il est a C et VII s. de lamende, moitie a nous et lautre moitie a le commugne, eb. 46; il est a C et VII s. damende a nous le moitie et a le commune lautre, eb. 47; das zweite Glied unansgedrückt: il amenderoit par II s. de fourfait moitiet a le vile, eb. 438. Vergl. Littré, moitié 6; partie 23; Mätzner, Gr. 493; Lücking, Franz. Schulgramm. § 544; Stimming, Zeitschr. I 505. — Dasselbe kann auch durch eine andre Formel gesagt werden: li daerrains vivans soit li hom soit li feme partit contre les hoirs moitiet a moitiet, a droite parcon, Taill. Actes 451 (s. u.).

Endlich dient der abs. Cas. obl. auch dazu, anzugeben, wie oft eine Grösse gesetzt werden müsse, um eine mit ihr verglichene zu erhalten. Dies geschieht zunächst durch foiz in Begleitung eines Qnantitätsattributs: d'or i donai sept fois son pois, Fl. u. Bl. 2718 (cf. Littré, fois 3). Eine entsprechende Verwendung hat tant gefunden, welches in Verbindung mit einem Cardinalzahlwort auf diejenige Quantität hinweist, welche nach Maassgabe des Zahlworts vervielfältigt werden soll. Ueber die dem ursprünglichen Sinne dieser Formel widersprechende Anwendung und Construction derselben vgl. Tobler, Zeitschr. V 203. Darnach sind es drei Momente, durch welche jene Ausdrucksweise, sich von der ursprünglichen Geltung entfernend, hindurchgegangen ist:

a. Das comparativische Gepräge der Aussage ruft hervor, dass das sich an tant anschliessende Vergleichungsglied nicht mit com sondern mit que beginnt und, sofern dasselbe in einem vollständigen Satz besteht, auch die Negation zum Verb fügt.

Sire, n'aiez nule doute; car se cil de là estoient deus tanz qu'il ne sont, n'averoient il pouoir à nous, Men. Reims 39.

b. Dem Ausdruck mit tant wird, obgleich er an sich eine Vervielfältigung bezeichnet, zum Ueberfluss noch ein Comparativ angeschlossen.

Amis, se vos desirrés la mort au jalous, si fas je, si m' alt dés, cent tans plus de vous, B. Chrest.³ 329, 39.

c. Die demonstrative Kraft des tant war in diesen Formeln so abgeschwächt, dass man demselben bisweilen noch ein tel · als Begleiter gab.

Si pouvoient estre les Anglois et les Bretons de la contesse de Montfort environ deux mille cinq cents hommes d'armes . .; les François estoient quatre tels tant, Froiss. I 1, 210 (cit. Littré, tel Hist.).

Vgl. auch Gachet, tant, wo auch auf die Verwechselung mit temps hingedeutet wird, ferner Tobler, Zeitschr. V 206.

Seltner begegnen Reste lateinischer Proportionalia an Stelle der besprochenen Wendungen; cf. Si veirement cume Deu[s] vit, celi ki ço ad fait en murrad, E quatre duble la berbeiete rendrad = ovem reddet in quadruplum, L. Rois 158 (Tobler, a. a. O. 202).

Man fügte auch den Theil der Grösse eines Seienden, welcher die vollständige Grösse eines anderen ausmacht, der Angabe der Art und Weise des Seins oder der Thätigkeit, welche als Ausgangspunkt des Vergleiches dient, im Accus. bei: Que por voir n'i avra pucele Que la centieme part soit bele, Erec. 635. Wie in unlogischer Weise derartige Theilangaben mit einem Comparativ dazu dienen, eine durch die Ordinalzahl bestimmte Vervielfältigung des Ganzen zu bezeichnen, ist hervorgehoben von Tobler, a. a. O. 208, Zus.

Ein freier Gebrauch des adverbialen Accus. des Maasses ist von Herrn Prof. Tobler bereits mehrfach erwähnt worden: Jahrb. XV 256; Gött. gel. Anz. 1877 p. 1620; Zeitschr. V 181 (auch 206). Es handelt sich hier um solche Fälle, wo die adverbiale Maassangabe eines Seienden im Accus. als Subject gesetzt wird statt des Nomin. des Seienden selbst, in den meisten dafür gefundenen Belegen speciell um die Bestimmung der Grösse eines Restes von einem gewissen Ganzen. Ausser den bereits citirten gehören auch folgende Beispiele hierher.

Bon vin burent . . Plaine une bout de trois sistiers, S'en remest deux bouciaus entiers, Barb. u. M. IV 261, 198; quant ils orent paié si failli de la convenance trente [et] quatre mille mars d'argent Villeh. 31; Bien poez savoir que granz fu li avoirs, que sanz celui qui fu emblez, et sanz la partie des Venitiens, en vint bien avant cinq cens mil mars d'argent. eb. 135. — Ferner wäre auch die Stelle aus J. Cond. II 51, 48: Ançois que II jours soit passez, noch anzureihen, zu welcher Ch. lyon 2862 (wo jedoch Toblers Vermutung dem Sinne angemessener erscheint) eine Parallele bieten würde, und deren von Tobler, Jahrb. VIII 346, angebahnte Emendation wol nicht notwendig ist. Ob die Maassbestimmung Nom. oder Accus., ist nicht zu entscheiden in den Sätzen: quant je arrivai en Cypre, il ne me fu demourei de remenant que douze vins livres de tournois, Joinv. 90 d; Quant ce vint le dymanche au vespre, les gens le roy qui fesoient le paiement, maudèrent au roy que il lour failloit bien encore trente mille livres, eb. 252 a. —

Andrer Art sind Sätze, in denen das zu messende Seiende als Subject selbst ausgesprochen ist und die Quantitätsbestimmung nun adverbial hinzutritt: Baron, a icel tant dont vous m'oés conter N'estoient mie gens el siecle tel plenté, Aiol 1699; Là vint fées plenté, Bast. Buill. 3655 (s. Toblers Recension); La fut Phelippe d'Artevelle encloz et . . abatu, et gens de Gand qui l'amoient et gardoient grant plenté atterrez entour luy, B. Chrest.² 429, 41. Das Subst. plenté esfüllt hier in Bezug auf die Zahl dieselbe Rolle adverbialer Maassbestimmung, welche piece, masse, partie vornehmlich für das Gebiet räumlicher und zeitlicher Ausdehnung zugefallen ist.

C. Modaler Accusativ.

Das Afz. besitzt eine Reihe von formelhaften Ausdrücken, welche einer Aussage modale Bestimmungen im absoluten Casus obl. beigeben; die Anwendung des letzteren entspricht daher der des Ablativus Modi im Lateinischen. Das Nfz. hat einzelne dieser Redewendungen fallen gelassen, den Gebrauch anderer erweitert. Zunächst sind, was das Afz. betrifft, einige auszuscheiden, bei denen es darauf ankommt, möglichst kurz anzudeuten, dass der Inhalt einer Aussage harmonirt oder in Widerspruch steht mit dem Willen oder Wissen einer Person, welche selbst auch Subject der ausgesprochenen Thätigkeit sein kann. (vgl. auch Draeger I 542.)

1. mon vuel, wenn es nach meinem Willen geht (s. Diez II 461). Dass das Possessiv in dieser Redensart auch durch einen personalen Cas. obl. im Sinne des Genitivs ersetzt würde, scheint nicht vorzukommen. G. Paris bemerkt zu Alex. 34 b: „Cette locution . . ne parait guère plus tard que la fin du XII. siècle." Dem widerspricht, dass dieselbe noch bei Guillaume le Clerc, also im XIII. Jahrhundert sehr beliebt ist, worauf Martin zu Ferg. 49, 18 aufmerksam gemacht hat. Bei weitem vorwiegend ist die Anwendung von mon etc. vuel in Aussagen, in denen die Stellung des Willens der angegebenen Person zu einer noch unverwirklichten Handlung oder zu einer solchen, die demselben zuwiderlaufend geschehen ist, ausgedrückt werden soll.

ab Ludher nul plaid nunqua prindrai, qui meon vol cist meon fradre Karle in damno sit, Eide; Ja son voil n'istrat de la citet, Alex. 34 b; Ja le lor voil de lui ne desevrassent, eb. 117 e; Mes il ne les atendra mie; Qu'il n'a soing de lor compaignie, Eincois ira toz sens, son vuel, ou a sa joie, ou a son duel, Ch. lyon 691: Chose, qui vos face doloir, Ne vos dirai je ja mon vuel, eb. 3835: cf. eb. 717; 1604: 1822; 3440; 6242. Bisweilen wurde vuel durch das synonyme volonté ersetzt: La mee volenté usise isnelement del siecle = utinam otius egrederer a seculo, Texte lorrain du XIIe siècle publ. p. Bonnardot, Rom. V 281.

Einmal ist mir statt mon vuel „mon los" in derselben Geltung begegnet: Cuers, se ma dame ne ma chier, Ja pour cou ne ten partiras, Toujours soies en son dangier Puis kenpris et coumencie las: Ja mon los (Var. ueul) plente nameras, Afz. Lieder XXXVIII 41.

2. mal gre, wörtl. bei schlechtem Belieben, meint nur dasselbe wie die sich auch findenden Wendungen sans, estre, outre le gre

· d'ancun*). Da von einem Belieben nur bei persönlichen Wesen die
Rede sein kann, so entsprach das Afz. dem ursprünglichen Sinne der
Formel, indem es dieselbe nur in Bezug auf solche anwandte, besser
als das Nfz., welches malgré vollständig praepositional zu jeder Art
von Scienden setzt (Diez III 188; Mätzner, Gr. 412; Burg. II 357;
Darmesteter, Mots comp. 71). Auch war im Afz. die substantivische
Natur des Ausdrucks noch vollständig lebendig, dies zeigt vor Allem
die Anwendung des Possessivs bei demselben.

Si se fet preier de son buen, Tant que, assi com maugre suen,
otroie ce, qu'ele feist, Se chascuns li contredeist, Ch. lyon 2110; J.
cop li a done si buen, Quel porte a terre mangre suen, eb. 4486;
Celui, qui ne m'aimme ne prise, Me feras amer maugre mien, eb.
6751; Il l'avera tot mangre vostre, La terre et trestote l'onor, Ferg.
158, 33 (s. d. Anm.). Vgl. mal mio grado a morte mi trasporta,
Petr. ed. Sonzogno, Son. VI.

Statt des possess. Pron. kann ein Cas. obl. der besitzenden Person
stehen:

tuit le roi proier an vienent, Que maugre l'aiuznec seror Doint
de la terre a la menor La tierce partie, Ch. lyon 6171; Maugre
lavresier, Mandons la dame salus, Afz. L. XL. 51; Mais la roine sa
mere demoura avec lui, et le convoia trois journées maugrei le roi,
Men. Reims 370; les femes n'ont pas poohr de fere de lor enfans,
malgré lor maris qui sunt lor parrastre, si comme li peres fet de
ses enfans, malgré lor marrastre, Beaum. LVII 8.

Auch Umschreibungen des persönlichen ˉAusdrucks (Tobler,
Zeitschr. I 14) finden sich bei mal gre.

Se losengier m'ont enuers uos meslee, Maugre lor nes i serai
acordee, Tobler, Mitth. 87, 23; Maugré le vostre non en ai hui du
melliour, Band. Seb. XVIII 379. Vgl. maugré hir heed, Chaucer ed.
Morris II 233, 31.

Der Cas. obl. begleitet von de z. B. in folgendem prov. Satze:
mas dieus e dreitz lor a camjat lor sort mal grat de cels qui uiseran
(jureron St.) l'acort, Bertr. de Born 6, 32. (vgl. auch Scheler, Dict.
d'étym., malgré).

---

*) z. B. se cils qui le nes seroit . . menoit puisedi le nef aval . .
sans le gret des signeurs . . il seroit a LX sous, Taill. Actes 467; rei
uolunt fair estre so gred, Leod. 10 f; eb. 11 b; De lur filz li mustrerent
tute la verite, Qu'il volent en la terre remaindre ultre lur gre, Rou II
46; en celle amor la damoiselle ont prise si parent, et doné seignor outre
son gré un vavassor, B. Chrest.* 217, 12.

Gerade der Gebranch des einfachen Cas. obl. im Sinne des Genitivs nun hat der falschen Auffassung von mal gre Vorschub ge-
leistet: dem Nfz. vollends, das jene afz. Eigentümlichkeit als lebendiges
Mittel zum Ausdruck des Besitzes aufgab, musste der ursprüngliche
Sinn der Formel unklar werden. Merkwürdig aber ist, dass in afz.
Zeit schon hie und da das Personalpron. nach mal gre auftaucht: ont
la litiere aportee sor coi la dame en ont portee si com lor plot et
abeli maugré le roi et maugré li, B. Chrest.* 143, 6; Malgré lui
faisoit astenance, J. Cond. I 360, 170.

Son gre (entsprechend son vuel) begegnet an folgender Stelle :
(Li feable) ne le (le fiez) puelent de lor mains Oster ne engagier ne
vendre, Ke li sires nel doie prendre Son gré, Trouv. Belg. I 188, 159.
Bon gre erscheint absolut in der nfz. Phrase: bon gré mal gré =
nolens volens, cf. Littré, malgré 4 u. gré 2.

Die nfz., concessive Wendung: malgré qu'il en ait, bei üblem
Belieben, welches er darüber haben mag, hat noch die älteste Be-
dentung von malgré bewahrt, indem sie die Person, welcher der
malgré auhaftet, durch einen Relativsatz einführt, der den substan-
tivischen Ansdruck als Object aufnimmt. Dieselbe ist auch afz: Mes
fiex estes tot entresait, Mangré que toz li mons en ait, Barb. u. M.
III 157, 128. Daneben hat aber das praepositionale malgré im Nfz.
eine andere Construction hervorgerufen, in welcher der Inhalt eines
ganzen Satzes als das der Hauptaussage Widerstrebende an malgré
conjunctional angeschlossen wird (Mätzner, Gr. 347). Diese Verwendung von malgré ist von der Academie, darnach von Gachet, Scheler
u. A. (Littré, malgré 5, scheint mir nicht klar) getadelt worden, als
der Grundbedentung des Wortes zuwiderlaufend. Aber müsste man
dann nicht auch malgré in seinem rein praepositionalen Gebrauch
aus der guten Redeweise verbannen d. h. es auf den bei persönlichen
Substantiven einschränken?

Endlich sei noch erwähnt, dass im Afz. gleichbedeutend mit mal
gre mien auch maleoit gre mien gesagt ward, in dem hier das eigentlich eine Verwünschung enthaltende Wort einer energischen Verneinung gleichgalt (Tobler, Vom Verwünschen p. 11): Donc m'i
covient il tote voie Combatre maleoit gre mien, Ch. lyon 5499; Veincus
sui maleoit gre mien, eb. 5682.

Ueber das ins Engl. übernommene maugre s. Koch II § 476.

3. merci in Verbindung mit einem possess. Pron. oder Cas. obl.
der Person wird häufig einer Aussage beigefügt, um etwas als durch
die Gnade oder Güte desjenigen geschehen hinzustellen, welchen der

genitiv. Casus obl. oder das Pron. angiebt. Sehr gern nimmt es
dabei seinen Platz in der Mitte dieser Aussage selbst.

Cist camps est vostre, le mercit Deu, e miens, Rol. 2183; „Oncles,
fet il, estes sains et hétiez?" „Oïl, fet il, la merci Deu del ciel,"
Cor. Lo. 1149; Mes ne tocha, la deu merci, Mon seignor Yvain, Ch.
lyon 946; Tant i travaillerent que pais en fu, Dieu mercy, Villeh.
44; La merci Dieu, nous y venimes tout en paiz, Joinv. 410 d; der
Wirt, bei dem der wunde Chevaliers à le Mance berbergt, kommt an
sein Krankenbett und: „Prie que Dieus li doint santé." „Je n'en
ai mies à plenté, Biax ostes," fait il, „Dieu mierci," J. Cond. I 233,
2041.*) — Mon compaignon ne reconni . . Tant que il, la soe merci,
. . mon non enquist, Ch. lyon 6328; Grant enor me porterent tuit,
Les lor merciz, an la meison, eb. 569; Mes vos, la vostre grant
merci, M'i enorastes, eb. 1010; (Ma quercle iert desresnice) Par cestui,
qui, soe merci, M'en a scue anjusque ci, eb. 5939.

Die Formel wird auch allein als Antwort von jemandem gebraucht, der durch die Worte eines andern veranlasst wird, etwas
als Ausdruck der Güte desselben hinzustellen: „Ne vos fai drons
por tot l'or de cest mont." Respont Guillaumes: „Vostre merci,
baron," Cor. Lo. 2114; (Erec 384; 618).

Die Antwort kann auch dasjenige, wobei sich die Gnade des
anderen bethätigt hat, durch ein mit de angefügtes Substantiv aus-
sprechen: Vostre merci de la promesse! Ch. lyon 3732.

Die Anerkennung der Güte und Gefälligkeit des anderen schliesst
das Gefühl des Dankes gegen denselben in sich. Deshalb gebraucht
man jene Formel, wo man dieses Gefühl zum Ausdruck bringen
wollte, dabei wo es die Intensität desselben mit sich brachte, oft
merci im Plural.

„Granz merciz, sire," dient li losangier, Cor. Lo. 113; Sire,
fait Aucassins, grans mercis! Bon consel aroie je cier, Auc. 20, 30;
26; Meyer, Rec. 252, 384; E dist li emperere: „Cinc cenz merciz
de Deu!" Karls R. 159; „Dame", fet il, „.V. C. merciz!" Ch.
lyon 6783.

Ausser in dem aus Karls R. citirten Beispiele wird hier die
Person, welcher die merci zugeschrieben werden soll, nicht ausdrücklich noch genannt, da die Adresse der Formel unmittelbar verständlich ist. Doch kann dieselbe in andrer Weise noch ausgesprochen werden: Granz merciz en aiez, Cor. Lo. 150; cent merciz

---

*) Cf. Gaueh ai cobrat, merce de la meillor, Mahn Ged. 55, 2.

en aiez, eb. 2614. Hier ist die ursprüngliche Bedeutung des Wortes dem Bewusstsein völlig entschwunden*).

Wie man nun in den bisher erwogenen Fällen die Redewendung auf etwas bereits Geschehenes bezieht, so kann man ferner einen Wunsch dadurch unterstützen, dass man die Erfüllung desselben als eine Gnade von Seiten des Angeredeten darstellt: „Quier mei, bels fredre, et enqne e parchamin et une penne, ço pri, toe mercit," Alex. 57 b**); je li pri .. Que ja chose, qui me despleise, Ne me comaut soe merci, Ch lyon 123.

Einer höflichen Frage wird dadurch die Bitte um die Antwort beigefügt: „Dame," fet il, „vostre merci, Quant vostre sires m'assailli, Quel tort oi je, de moi desfandre?" Ch. lyon 1999.

Einmal begegnete mir picté an Stelle von merci: Ço li depreieut, la soe pietet, que lor enscint .., Alex. 63 a (s. Paris' Anm.)

Nachdrücklicher erscheinen die Wendungen mit merci, wenn sie von der Praepos. par begleitet werden, welche noch mehr die vermittelnde Rolle der merci hervorhebt: Vis attendeic qued a mei repairasses Par Den mercit que tum reconfortasses, Alex. 78 e; de met membres per ta mercet, Pass. 74 c; 76 b; Rent li la chartre par la toe mercit, Alex. 74 c; Par vos merciz, fetes nos en doner, Charr. Nym. 1144.

Im Nfz. hat merci, Gnade, weibliches, m., Dank, männl. Geschlecht, was Littré. m. 5, auf die Phrase: grand merci zurückführt, in welcher das Nfz. grand als Masc. ansah. Bei Marot findet sich dafür die ganz correcte Form: grammercy. Scheler, Dict. d'étym., fasst wol mit Unrecht merci als Verbalsubst. zu afz. mercier auf.

Ganz in gleicher Verwendung wie merci kommt afz. grace vor: Le grace Dieu nous avons bien fait, R. Clary XLIX (T.); onques le grace Dieu leur navies ne u' (l. n'en) eut garde, eb. LX (T.). Doch ist diese Formel im Nfz. veraltet (Littré, grâce, Rem. 3). Hier tritt gráce absolut vielmehr in der Bedeutung „Dank" auf, indem zugleich durch à das Seiende dabei eingeführt wird, an welches er sich richten soll (Littré, gr. 13). Dabei kann aber von einem Cas. obl. im Sinne des lat. Ablat. Modi nicht die Rede sein, vielmehr ist gráce nun das

---

*) Aehnlich ist es dem mhd. genâde ergangen; einem genâde sagen (cf. Dô wart der riterlîchen magt von mir gnâde gesagt, Iwein 388) und genâden entspricht dem afz. mercier, das zunächst heisst „das Wort merci gebrauchen;" s. auch Tobler, Zeitschr. III 146.

**) vgl. Tobler, Gött. gel. Anz. 1872 p. 894.

Object des Gebens von Seiten eines Seienden an ein andres, wobei der Verbalbegriff unausgesprochen bleibt, also der ganze Ausdruck einem elliptischen Ausruf gleichwertig ist, analog salut à u. dgl. Das Afz. gebrauchte bei grace == Gnade übrigens bei weitem gewöhnlicher die Praepos., selbst, wenn das stehende Dei gratia in einem zu übersetzenden lat. Texte vorlag: Loys par la grace de Dieu roys de France == Ludovicus Dei gratia Francorum rex, Taill. Actes 392.
4. escient (Burg. II 200; Diez III 261, Anm.), begleitet vom possess. Pron. dient dazu, eine Aussage durch Beziehung auf das Wissen der betreffenden Person hinsichtlich ihrer Gültigkeit zu beschränken. Es entspricht zunächst ganz dem d. „meines Wissens.“ Il est mult vielz, si ad sun tens uset, Mien escient, dons cenz anz ad passet, Rol. 524; Vnkes nuls hom, puis ne anaut, Mien escient ne cunquist tant, Rou I 50: Je quier ce, que je ne vi onques Mien esciant, ne ne quenui, Cb. lyon 4893: N'a en cest mout home ne fame, Cui il servist, mien esciant, eb. 6597; Por ce, mien esciant, cuit gie, Que j'ai bien et a droit jugie, eb. 1771. In letzterem Beispiel erscheint die Formel neben dem cuit gie pleonastisch. In gleichem Sinne wie escient wird escientre gebraucht: Mien escientre, dous cenz anz ad e mielz, Rol. 539; 552; Mien escientre, ne s'osent aproismier, eb. 2073; N'i perdrat Carles. li reis ki France tient, Mieut escientre, palefreid ne dostrier, eb. 756.
An Stelle der absoluten begegnen auch mit a. u. par gebildete praepositionale Wendungen: ele estoit au mien esciant Plus bele, que nule contesse, Ch. lyon 2366; 1288; Ainc n'i ment de mot a son escient, Villeh. 62; Guillaume a non, par le mien esciant, Cor. Lo. 2452. — Die Formel mit par hat oft bekräftigenden, betheuernden Sinn (s. Raithel, Praep. I 24): Or sai jo veirement Que hoi murrum par le mien escient, Rol. 1936; Bataille i ad, par le mien escientre, eb. 1791; Par le mien escientre! Deus vus i at cunduit, Karls R. 185.
Das Nfz. hat den freien substantiv. Gebrauch, welchen escient im Afz. besass (cf. moult as fol escient, Cor. Lo. 831), überhaupt nicht mehr. Aber auch die absolute Formel ist verschwunden, und es existiren nur noch die beiden praepositionalen Redeweisen: à mon etc. escient u. à bon escient (s. Littré; Aubertin, Gramm. mod. 455).
5. tesmoin. Als modaler Accus. wird den hier besprochenen in seiner ursprünglichen Geltung auch tesmoin zuzugesellen sein; in der Bedeutung „Zeugnis“ nahm es in genitivischem Verhältnis die Bezeichnung desjenigen Seienden zu sich, welches die Aussage des Thätigkeitsbegriffes zu bekräftigen geeignet schien. Da dies zumeist ein persönliches Seiende war, so brauchte ein die Abhängigkeit be-

zeichnendes de nicht zu stehen: Céenz ne lesse nus son gage, Ne
covient fors conter sa dete, Tesmoing Manche-Vaire et Porrete Qui
céenz meujnent et boirent . ., N'onques n'en paient un festu, Barb.
u. M. I 361, 148. Daneben mit de: Tesmoing de mes voisines, de
grans et de petites, Je ne sui une (l.mie?) telle, dieu merci, com vous
dites, Afz. Liebeslied, Zeitschr. II 589. Aber eben jener Umstand
der asyndetischen Nebeneinanderstellung der Substantive, Hand in
Hand mit der Bedeutungsänderung von témoin, führte zur Verkennung
des Ausdrucks: man hielt denselben für einen absoluten Casus, worin
témoin praedicatives Subst. wäre (in welchem Falle er unten, Abth. II,
angeführt werden müsste) und glaubte das Wort nach einem folgenden
Plural flectiren zu sollen. (Cf. Littré, témoin Hist.). Dem widersetzt
sich Vaugelas (Remarqnes II 348), indem er témoin parallel zu excepté u. réservé (s. u.) stellt, und seiner Forderung entspricht
die nfz. Regel (s. Mätzner, Gr. 355; Lücking p. 127 Anm. 2). —
Eine ganz ähnliche Construction zeigt das mittelengl. witnes: Pardy,
we wymmen cau right no thing hele, Witnes on Myda, Chaucer ed.
Morris II 235, 95; som tyme at our prayer have we leeve, Only the
body, and not the soule greve; Witnes on Jope, whom we dide ful
wo, eb. II 252, 193.

6. Hier anzureihen sind die der afz. Redeweise so geläufigen
Formeln mit foi; dieselben enthalten in Bezug auf die Aussage das
Pfand, die Gewähr für die Gültigkeit ihres Inhalts. Es trennen sich
diese Wendungen entschieden von jenen, wo zur Betheuerung einer
Aussage Seiende zu Zeugen und zu Rächern der Unwahrheit herbei-
gezogen werden, und welche nichts sind als einfache Anrufe. Wie
in der lebhaften afz. Ausdrucksweise Betheuerungs- und Schwurformeln
der mannigfaltigsten Art und Anschauung sich einer grossen Beliebtheit erfreuten, so finden sich auch die in Rede stehenden sehr oft.

Foi que doi vos, ç'a fet Aymes li viex, Charr. Nym. 708; Foi
que doi saint Piere l'apostle, Il l'avera tot mangre vostre, La terre
et trestote l'onor, Ferg. 158, 32; ja s'ocesist, foi que doi diu, Fl.
u. Bl. 1049; „dans rois“, fait il, „foi que vous doi, del tot en tot
pas ne l'otroi“, eb. 2761; Sire de Joinville, foi que doi vous, je ne
bé mie si tost à partir de ci, Joinv. 504 d.

Um Aufforderungen, Bitten u. dgl. mehr Nachdruck zu verleihen,
nimmt man die Treue der angeredeten Person gleichsam für die Aus-
führung des Geforderten zum Pfande.

Mes foi que vos devez le roi, Le vostre seignor et le mien,
Comandez li! Ch. lyon 128; Si vous en vueil crier merci, Foi que
devez au Sauveor, C'un petit li faciez paor, Barb. u. M. III 261, 209.

Nicht selten wird par mit diesen Formeln verbunden (Raithel, Praep. I 24 u. 25): par la foi que doi Dé, Charr. Kym. 1290: par le foit que ion doi nostre bel cief, Aiol (ed. Foerster) 222; Par ma foy! larges est li Frans quant il n'a pas barguignié sur si grant somme de deniers, Joinv. 226 f.; — sur: sur la foy que me devez, comme mes hom que vous estes, eb. 256 e; — en: pecié faites eu moie foi, Fl. u Bl. 2385. Für das Nfz. vgl. Littré, foi 1.

7. Von absoluten modalen Bestimmungen allgemeinerer Art sind vor allem die Adverbien zu nennen, obwol dieselben in ihrer ursprünglichen Geltung in der alten Sprache sicher nicht mehr empfunden wurden. In der Boethius-Handschrift freilich wird das weibl. Adj. von men fast durchweg getrennt. Afz. Formen wie: liedement, fierement etc., in welchen, das Wort als Ganzes betrachtet, zur Diphthongirung des alten Adjectivstammes kein Grund vorlag, sind wol als secundäre, durch Einfluss des Adjectivs entstandene Formen zu erklären, nicht etwa liede ment. fiere ment zu schreiben. Denn ein *menz, *ment als selbständiges Subst. existirte nicht mehr, und, selbst wenn Böhmers vorzüglich passende Conjectur zu Eulal. 15: ell' ent (vom „nom christiien") admnet lo snou e le ment (Rom. Stud. III 192) richtig ist, so wäre darauf für die entwickelte afz. Sprache nichts zu bauen. Vielmehr sieht diese in den Adverbien nur Zusammensetzungen der Adjective (in Femininform) mit dem für sie undurchsichtigen Suffix -ment. Zur Lehre vom Adverb cf. Diez II 462; Darmesteter, Mots comp. 69; Tobler, Zeitschr. II 549. Bezüglich des einmaligen Aussprechens des ment. das mit 2 weibl. Adjectiven verbunden zu denken ist, s. Foerster, Zts. II 88. Müller zu Ch. Rol. 1063 und eine neue Stelle Romania XI 49 Z. 131 (T.).

8. Für die specielle Kategorie der Gangart hat das Afz. mehrere adverbiale Cas. obl.. Theils werden sie gebildet durch einfache Substantiva, theils durch solche in Begleitung attributiver od. praedicativer Adjectiva (cf. Diez III 123). Tout bei diesen Ausdrücken deutet an, dass die Bewegung in ihrem ganzen Umfange in der betreffenden Gangart erfolgt. (Vgl. tout bei Angaben des Weges. oben p. 7).

il vint encontre aus le pas*), Ch. lyon 4471: Erec va sivant tot le pas Par le chastel le chevalier. Erec 362: Cele part ving plus que

---

*) Scheler, zu J. Cond. I 345, 1344, will in dem Satze: Et il s'en revait d'autre part, Et ses levriers nel laisse pas. Par la foriest s'en va le pas Car jä ne voet plus sejourner, „le pas" mit aussitôt übersetzen, was mir nicht richtig scheint.

le pas, Ch. lyon 192; san petit pas s'en turnet ancelant, Rol. 2227; il sunt le grant pas dedenz l'encloistre entré, S. Thom. 71, 29; Isnel le pas s'en endormissent, Fl. u. Bl. 646; Deus chalt pas sur les Philistieus tuna, L. Rois 25 (chalt pas hier sehr gewöhnlich); En sa maison l'enmaine le passet belement, Berte 1214; Li destriers li anble tost, bien l'en porte les galos, Auc. 23, 7; il s'en revient les galopiax ariere, eb. 10, 29; D'enz de la sale uns veltres avalat, Que vint à Carle les galops e les salz, Rol. 731; Et puis sali sour le destrier, Si s'en torne les sans menus, Meyer. Rec. II No. 29, 27; Descent à pied, alez i est pleins curs, Rol. 2878; Li cuens Guillaumes les en- chauce grant erre, Cor. Lo. 2157; avant, courons li sus bonne erre touz troys, B. Chrest.³ 434, 14; vine après sur mun destrer le grant clez, eb. 94, 45*); La pucele va l'ambleure Vers le chevalier, Erec 159; mes sire Yveins folement Hurte grant aleure apres, Ch. lyon 933. — Beispiele aus Commines: Zeitschr. I 197.

Das Nfz. hat von diesem sehr ausgedehnten Gebrauch nur einen spärlichen Rest bewahrt in seinen Phrasen: aller, courir le galop, le grand galop u. aller grand' erre, belle erre. Die gewöhnliche Sprech- weise fordert jetzt die Praep. à.**)

Das Nfz. besitzt einige Redewendungen, welche einen Beweggrund zu einer Thätigkeit einführen, also einem lat. causalen Ablativ ent- sprechen würden, nämlich: faute de, manque de, aus Mangel an u. crainte de, aus Furcht vor. Im Afz. finden sich diese Formeln noch nicht. Zwar sagte man: il est faute de blés ou de vins, Beaum. XLIX 2; Tel plenté y ot de tous biens C'on n'i avoit faute de riens, J. Cond. I 199, 1008; auch: . . kil naient defaute deauwe a lor dortoir, Taill. Actes 322. Aber um auszudrücken, dass der Mangel von etwas die Schuld trägt an einer Thätigkeit, setzte man, wie es scheint, immer die Praepos. par oder pour: Par defaute d'entendement Voit on mout de reprendement En toutes gens, J. Cond. I 371, 1;

---

*) Vgl. muntet d'eslais tuz les marbrins degrez, Karls R. 133; vindrent anbedui d'eslea, Ch. lyon 903; danz Costanz venoit après . . a grant eslés, B. Chrest.³ 212, 24.

**) Bemerkenswert ist ein adverbialer Accus. der Sprache im prov. Marienliede v. Peire de Corbiae: Domna, dels angels regina, esperansa dels crezens, segon quem sonda sens, chan de vos lenga romana; quar nulhs hom justz ni peccaire de vos lauzar nos deu traire, cum sos sens mielhs l'aparelha, romans o lenga latina, B. pr. Chr.³ 209, 27 ff.

. . S'en est li siecles en mal point l'ar defante de boin regart, eb.
I 373, 75; . . les quels deniers nous leur prometons . . a paier . .
avoec tous cous . . kil i aroient ou porroient avoir pour defaute de
no paiement, Taill. Actes 375. Doch ist in letzterem Satze der Ausdruck mehr conditional u. würde einem nfz. à faute de entsprechen.
Für „par faute de" fehlen mir noch die Belege. Cf. Littré, faute
Hist., ferner No. 7 u. Rem.; manque 3; Lücking § 502.

Wie Littré, crainte 5, zeigt, hat die Wendung crainte de im
Nfz. einen beschränkten Gebrauch, indem sie nur mit sächlichen
Seienden (Lücking § 505 Anm. 3: mit Abstracten) verbunden wird,
nicht aber mit Personen, noch mit einem Infinitiv od. einem von que
eingeleiteten Satze. A. a. O. werden Abweichungen von Rousseau
hervorgehoben, welcher die Formel auch vor Infinitiven gebrauchte;
vgl. auch: Je ne me laissois pas le temps de rentrer en moi, crainte
de ne m'y plus retrouver, Émile, Ém. et Sophie, Lettre Ire 3. (Andre
Ausnahmen bei Aubertin, Gramm. mod. 306).

Scheler zieht im Dict. d'étym. sub „malgré" in die Analogie von
malgré u. crainte als Ausdrücken mit mangelnder Praeposition auch
„force pour à force". Einen vergleichbaren Gebrauch eines absoluten
force habe ich nicht ermitteln können.

II. Abtheilung.

**Der absolute Accusativ besteht aus der Bezeichnung
eines Seienden, welchem in praedicativer Stellung
die Bestimmung seines Verhaltens in Bezug auf die
Aussage des Hauptsatzes beigefügt wird.**

Die praedicative Bestimmung kann ihrem Subjecte vorangehen
oder folgen, darf aber natürlich nie zwischen Artikel oder demonstr.
Adjectiv und dem Substantiv stehen. Ueber die Stellung der ganzen
absoluten Construction sind keine bestimmten Regeln aufzufinden. Ihr
Platz ist gleich oft am Anfang und am Ende des Satzes, seltener
bildet sie ein Einschiebsel in demselben (vgl. Lücking § 349, 3).

A. Bestimmungen zu einem an der Thätigkeit des Hauptsatzes als Subject oder Object betheiligten Seienden.

Das, worüber in der absoluten Construction etwas ausgesagt wird, ist in der Regel ein in der unmittelbaren Sphäre des betreffenden Seienden der Hauptaussage Liegendes, angehörig seiner körperlichen oder geistigen Individualität oder dem mit derselben in enger Beziehung Stehenden (z. B. Kleidung, Ausrüstung; auch Begleitung kann in dieser Weise zum Ausdruck gebracht werden), kurz, jener Gegenstand bezeichnet etwas, was nicht als selbstthätig sondern als durch das Subject oder Object des Hauptsatzes an der Handlung desselben theilnehmend dargestellt werden soll. Besonders beliebt sind derartige Zusätze in der alten epischen Poesie; die knappen Wendungen gaben der Schilderung Energie und Lebhaftigkeit*); sie mussten sich um so mehr einbürgern, als die mittelalterliche Dichtung stets ein grosses Gewicht legte auf möglichst detaillirte Beschreibung des äusseren Aufzuges, auf möglichst grosse Anschaulichkeit, und daher wiederholen sich gewisse, namentlich auf Rüstung und Kleidung der in den Kampf stürmenden Ritter bezügliche Formeln oft in ermüdender Weise.

Trotz der Gefahr, in manchen Fällen zweideutige Aussagen zu bilden, hat das Afz. jene Bestimmungen sowol zum Subject als zum Object des Hauptsatzes gefügt. Für das Nfz. vgl. Mätzner, Gr. 367; Lücking § 349, 3 u. § 194, 3.

1. Bestimmungen zum Subject des Hauptsatzes.

a. Die praedicat. Bestimmung ist ein Part. Perf.

Paien chevalchent . . Halbercs vestuz e lur brunies dublees, Healmes laciez e ceintes lur espees, Rol. 710 ff.; Paien, tuit traites lur espees E les chapes des cols getees, Les portes cururent fermer, Ron I 702; Lances bessiees se sont moult tost requis, Cor. Lo. 2531; Et li vassal resont en piez sailli Espees traites, les escuz avant mis, eb. 2545; li uns vialt envair l'autre Lance levee sor le fautre, Ch. lyon 6076; Lor escuier bohordent sor lor roncins, les escus lor signors a lor caus mis, Aiol 615; (li cuens de Blois) en venoit à Marseilles, voile croisie, Men. Reims 66; Li roys sailli de son lit touz deschaus . . une cote, sanz plus, vestue, Joinv. 26 c: saillirent

---

*) Mit Recht sagt Diez III 128, es hiesse den Genius der Sprache verkennen, wolle man diese Construction durch eine Ellipse des Partic. od. Gerundium von habere erklären.

4

bien de la sente de la galie quatre vint arbalestrier bien apparellié,
les arbalestres montées, eb. 250 a. — Quant ço vos mandet li reis . .
qu'il devendrat juintes ses mains tis hom . ., Rol. 223; D'ures en
altres si reclaimet sa culpe, Cuntre le ciel ambesdous ses mains
juintes, eb. 2015; id. eb. 138; 2392; Vet li encontre ses deux braz
estendus, Cor. Lo. 619; Envers Guillaume revient gueule bace, eb.
1065; Si vos redirai ore de le gent desfaée Tot si com Corbarans
s'en fuit teste enclinée, Meyer, Rec. 274; Sorleueies ses mains . .
comenzat a oreir = elcuatis manibus . . coepit exorare, Dial. Greg.
38, 12; il en vint au roy, sa main toute ensanglantée, Joinv. 234 c:
par son pechié aloit en pelerinaige à Mahomet, à Maqnes, sa teste
descouverte, eb. 238 c; Jointes mains li pria mierci, J. Cond. I 66,
91. — Je remanroie lasse, mon ceur iré, Aiol 152; Si manga de
grant volenté, Le cuer de joie entalenté, D'un boulyel d'un lait
d'amande, J. Cond. I 235, 2122.

Das Lat. verwandte hier seinen Ablat. Modi (Draeger I 539).
Dennoch wandelten französische Uebersetzer lat. blosse Ablative häufig
in franz. praepositionale Wendungen mit dem auf ein Merkmal oder
eine Eigenschaft hinweisenden a um: auch par findet sich.

uinrent a lui alcun pelerin . . a deschireiz uestimenz = accesse-
runt . . scissis nestibus, Dial. Greg. 134, 25; A détrenchies vestures
sparsent purriere sor lur chief = scissis vestibus sparserunt . ., Job
(ed. Le Roux de L.) p. 454; li uilains a loiez braz lo menat al
moustier = ligatis brachiis rusticus . . duxit, Dial. Greg. 97, 20: a
loies mains ameneiz = ninctis manibus deductus, eb. 234, 7; cf. As
jointes mains li vont merci proier, Cor. Lo. 1893; a ins flechiet
haterel, ius mis son chief humlement, (li urs) comenzat a lechier lo
ueske = deflexa ceruice, submissoque humiliter capite, lambere . .
coepit, Dial. Greg. 127, 19. — par abaissiez oez lur donoit lo seruise
de reuerence = depressis lumiuibus etc., eb. 239, 15.

Während hier die Participien stets attributiv zu fassen sind, bemerken wir in folgender Stelle ein solches praedicativ: une meschine
palazinouse . . a brisiez ses rains lo cors traoit par terre = dissolutis
renibus . ., Dial. Greg. 159, 9.

Ein freierer Uebersetzer löst den lat. Abl. auch wol durch ein
Verbum finitum auf: vint en Sylo, meisme le jur. Dessired out ses
drapels . . = venit in Silo in die illa, scissa veste, L. Rois 16. Oder
derselbe meidet eine jener oben citirten, geläufigen Wendungen (l'espée
ceinte), um statt derselben einen Conjunctionalsatz zu setzen; im lat.
Texte entspricht ein attributives Particip: Cum il out la spée ceinte,
alad . . = accinctus ergo David gladio ejus super vestem suam . .,
L. Rois 66.

b. Die praedicative Bestimmung ist ein Adjectiv.

Erec chevauchoit lance droite, Erec 741: Ensi coroient sanz fcintise Tuit e toten par enhatine La ou cil gist gole sovine, Ch. lyon 4248.

Hierhin gehört auch nu in seinen absoluten Verbindungen, dem wir hier als einem jener Ausdrücke begegnen, welchen im Nfz., wenn sie ihrem Bestimmungsworte vorangehen, die Flexion genommen ist. Der Grund dieses Verfahrens ist wol derselbe, welcher auch dem Part. Perf, wenn das directe Object noch ungenannt, die Uebereinstimmung mit demselben in Geschlecht und Zahl verbietet. Manche Wörter sind infolge dieser Erstarrung, wie wir sehen werden, vollständig zu Praepositionen geworden. Dem gegenüber lässt die alte Sprache die beiden Bestandtheile der absoluten Wendung meist congruiren. Littré hat für nu (Rem. 2) einen Beleg des dem modernen entgegengesetzten Verfahrens noch aus dem 18. Jahrhundert.

Toz nus piés et en lange m'en irai oltre mer, Ren. Mont. 337, 8 (cit. Paris, Hist. poét. 305): Et se mut de Nostre Dame entre lui et la roine . . deschanz et nuz piez, Men. Reims 369.

Die adverbiale Formel kann auch praedicativ bei estre stehn: Nus piés fu et en langes, Meyer, Rec. 271. 163; Toz nu (?) pier est. si drap sont enfumé, Bat. d'Alesch. 3453.

Während das Nfz. nu in der flexionslosen Form, wie schon die Schrift andeutet, als Theil eines Compositum empfindet (cf. auch: va-nu-pieds, Darmest.. Mots comp. 27), nimmt plein unter denselben Verhältnissen die Stellung einer Praeposition ein. Bei letzterem hinderte die gewöhnlich stattfindende Begleitung des Substantivs von Artikel od. Possessiv das Zusammenschmelzen der Wörter zu einem Complex. (vgl. Littré. plein 23: Lücking § 194, 3).

Trait ses crignels pleines ses mains amsdous, Rol. 2906. Plein bildet auch, praedicativ (ähnl. tout) zu lance oder hanste tretend, Ausdrücke für das Maass der Entfernung, welche bezeichnen, dass eine Thätigkeit sich eine volle d. h. ganze Lanzenlänge weit erstreckt. Pleine sa hanste del cheval l'abat mort, eb. 1204; Pleine sa hanste l'abat mort des arçuns, eb. 1533: pleine sa lance le suvine, Gorm. et Isemb. 145 (Rom. St. III 553). Prov. eu lo (En Pons) vi en l'arena Jos trabucar, Que tota s'asta plena Lo fes tombar Us escudiers, Raimb. de Vaqueiras, El so que pns m'agensa VI 7.

Die Lanzenlänge begegnet auch sonst als Maass. In den Citaten giebt die adverbiale Wendung zugleich das Mittel an, durch welches die im Verb. fin. ausgedrückte Thätigkeit zu Stande kommt;

dabei ist das handelnde Subject der letzteren auch grammatisches
Subject des Verbum. Dieses ist nun nicht der Fall in dem Satze:
N'en iert (li brans) mais recenz par nul hume carnel Tresk' il seit
pleine hauste de tere desterez, Karls R. 464. (eine Lanzenlänge tief
wird man das Schwert ausgraben müssen; pl. hier attrib.). —
Diez III 122 zieht in diese Kategorie des absol. Casus auch
Redeweisen wie: Ogier chiere hardie; diese sind aber vielmehr zu
den zahlreichen synekdochischen Bezeichnungen zu stellen, in welchen
ein Sciendes nach einem besonders ins Auge fallenden oder für
dasselbe characteristischen Bestandtheile benannt wird. Darmesteter
handelt darüber ausführlich Mots comp. 32 ff. In Ogier chiere hardie
würde also der vermeintliche absol. Accus. vielmehr Apposition sein.

c. **Die praedicative Bestimmung ist ein Adverb oder ein adverbialer Complex, meist den Ort angebend, an welchem der
Gegenstand der absoluten Aussage sich befindet.**

Des hostiex issent les escuz très avaut, Charr. Nym. 1396; ensi
pendit (li lerres) ius lo chief = deorsum capite pependit, Dial. Greg.
16, 5. — Les halbers suz les cotes lees E suz les chapes les especs
Vnt Hastein en biere aporte A la porte de la cite, Rou I 658;
Respont Aleaumes: „Irai-i-ge tot sol?" — „Oïl, bean frere, en ta
main un baston," Cor. Lo. 1776; Assis estoit sor une coche, Une
grant macue en sa main, Ch. lyon 291: la dame rest fors issue . .
An son chief une garleudesche, eb. 2362: La sist li emperere sur
un cuissin vaillant . . As piez un escamel neielet d'argent blanc, Sun
capel en sun chief, Karls R. 291: saingles ne poitrans ne leur porent
aidier que chascuns d'eus ne chéist à terre sa sele entre ses piez,
Men. Reims 126; fu apareilliez uns varlez, une grant hache eu sa
main et un trouchet en l'autre, eb. 205: Il venoit ou jardin de Paris,
une cote de chamelot vestue, un scurcot de tyreteinne sanz manches,
un mantel de cendal noir entour son col . . et un chapel de paon
blanc sus sa teste, Joinv. 42 a; uns ·miens prestres . . s'adreça vers
les Sarrazins, son gamboison vestu, son chapel de fer en sa teste, son
glaive . . desouz l'esscle, pour ce que li Sarrazin ne l'avisassent, eb.
172 f; Il en vindrent bien trente, les espées toutes nues ès mains,
à nostre galie, et au col les haches danoises, eb. 234 d; cils qui
d'anguisse fremy, Ist dou lit tout (l. tous) nus aparmain .I. coutiel
tout nut en sa main, J. Cond. I 130, 88.
    Der absol. Casus kann auch eine Aussage enthalten über die
eine Person des Hauptsatzes begleitenden Personen: Mes dites moi,

se vos savez. Qui est uns chevaliers armez . . Qui par ci devant
passa or, Lez lui une pucele cointe, Et devant aus un main boça
(: a respondu), Erec 583: Aucassins . . est issus del gaut parfont,
entre ses bras ses amors devant lui sor son arçon, Auc. 27, 4; che-
vauchierent jusqnes à l'orme de Gisors, les aubalestriers et les
charpentiers devant, Men. Reims 98; monta amont, ses huissiers
devant lui,- comme granz sires, ch. 320. Vielleicht ist dann
auch Meyer, Rec. 238, 23: (Li queus Guillaumes) Son arc
d'aubor raportoit de berser, En sa compaigne .XL. bachelers statt
bacheler zu schreiben. So wird auch die Stelle: Artus fu assis à
un dois, Environ lui contes et rois, Brut 10902, eine andere Erklärung zulassen als die von Lebinski, Decl. der Subst. in der oïl-
Sprache p. 28, gegebene, indem man den 2. Vers als absoluten Casus
fasst. — ·

Zu der vorliegenden Art von Accusativen möchte ich auch jene
in den adverbialen Redensarten rechnen, welche eine Thätigkeit in
der Weise praecisiren, dass sie das gegenseitige Verhalten der
analogen Elemente zweier oder mehrerer gleichmäsaig an derselben
betheiligten Seienden angeben, indem sie auch bei mehreren Betheiligten
von der Stellung eines Paares derselben zu einander ausgehen (cf.
Darmest., Mots comp. 68). Der erste der durch die Praeposition
verbundenen Ausdrücke giebt den Gegenstand der absoluten Aussage.
zu welchem die in der Praeposition und dem zweiten, in diesem Falle
dem ersten gleichen Substantive vorliegende adverbiale Bestimmung
praedicativ hinzutritt.

Tot main à main en montent le planchier, Charr. Nym. 722; Il
pooient venir main à main as espées et as lances à cels dedenz, Villeh.
244: chascune bataille si ot son naville par soi et furent tuit costé à
costé arengié, eb. 124; je me trais vers le roy touz costé à costé, Joinv.
152 d: La femme, qui son ami ot Entre ses bras et coste à coste,
Ne se garde pas de tel oste, J. Cond. I 128, 25; li angre qui le
voient (sc. Dieu) face à face, Joinv. 34 f: Le pourés veir faice à faice,
J. Cond. I 235, 2107; Uns nains . . Les ot coe a coe noez (sc. les
roncins), Ch. lyon 4096.

Auch kann auf diesem Wege die Art und Weise bezeichnet
werden, wie eine Thätigkeit durch die einzelnen Theile des Gegenstandes, an dem sie sich vollzieht, fortschreitet: Les noveles Calo-
grenant Li reconta tot mot a mot, Ch. lyon 657; constepointe . .
sera cousue à l'aiguille, point contre point, Liv. mét. 387 Anm. 3; vgl.
auch oben p. 36: Taill. Actes 451.

2. Bestimmungen zum Object des Hauptsatzes.

a. Die praedicative Bestimmung ist ein Part. Perf.

A mes oilz vi quatre cent mille armez, Halbercs vestuz, healmes d'acier fermez, Ceintes espees as puuz d'or neiclez, Qui l'en conduistrent entresque en la mer. Rol. 682 ff; Li milie chevaliers unt par cunte, Helmes laciez e vestues lur brunies, eb. 3079; prist od sei set senz humes, les espées ceintes — tulit secum septingentos viros educentes gladium. L. Rois 354; li rois se leva et fist issir toute sa gent de Tournai, tonz armeiz, et ses bannieres desploies, et ses arainnes sonnanz, et toutes ses eschieles ordenées, Men. Reims 279. — Liades mans, cume ladron, si l'eut menen a passiun, Pass. 41 c.

b. Die praedicative Bestimmung ist ein Adjectiv.

il y avoit geus sarrazins apparelliés, les espées toutes nues, Joinv. 218 a.

Vermieden wird die absol. Construction z. B. L. Rois 218, wo der lat. Text leider nichts Entsprechendes bietet: Li reis vit le angele estre entre ciel e terre e teneit une spée une al puing = cum (David) vidisset angelum caedentem populum . . .

c. Die praedicative Bestimmung ist ein Adverb oder ein adverbialer Complex.

il jura que tant comme il viveroit il ne renderoit Gaillart, ne n'en istroit se on ne le getoit fors les piez avant, Men. Reims 264. — Eumi sa voie encontre un pelerin, L'escharpe au col, el poing le fust fresnin, Cor. Lo. 1444; il virent un chevalier Venir armé sor son destrier, L'escu ou col, la lance ou poing, Erec 141; il le trouverent estrainglei, les resnes dou frain eutour son col, Men. Reims 26:. . et se portent à terre par desus les croupes des chevaus, leur seles entre leur cuisses, eb. 101; Atant ez vous le roi Richart, lance sour fautre, eb. 125. — Li cuens Rollanz quant mort vit sun ami Gesir adenz cuntre orient sun vis . ., Rol. 2025: il le lièrent à une perche d'un paveillon, les mains darières le dos, Joinv. 242 a. — Estes le vos; venir le voient, Lez lui son nain et sa pucele, Erec 772. Einen Beleg aus Commines giebt Stimming, Zeitschr. I 197.

Die nfz. Formel „à bras le corps" in „tenir quelqu'un à bras le corps" ist dem eben erwähnten Gebrauche entsprungen. cf. Darmest., Mots comp. 67; Littré, bras 14. —

In dem oben sub 2a citirten Beispiel Men. Reims 279 sehen wir auch ein Part. Praes. als praedicative Bestimmung fungiren. Dies ist in den in Rede stehenden Wendungen selten; es lässt sich noch anführen: A con col peut un fort escu pesant Et en ses poinz un bon espié trauchaut, A .V. clos d'or le gonfenon pendant, Cor. Lo. 2493 (vgl. Prist eu son poing un roit tranchant espié, A .XV. clos le gonfanon lacié, eb. 2089).

B. Bestimmungen zum Inhalt des Hauptsatzes als einem Ganzen.

Die in Folgendem zu erörternde Verwendung des absol. Cas. obl. entspricht der des lat. Ablat. absol.. Dabei ist aber vor Allem zu bemerken, dass der letztere eine viel bedeutendere Rolle spielte als die correspondirende Construction im Französischen. Jener vertrat Nebensätze der Zeit, des Grundes, der Bedingung und Einräumung, diese giebt vornehmlich temporale Verhältnisse an; das analytische Streben der modernen Sprache verlangte für jede besondere Nüancirung der im Lat. durch ein und dasselbe Mittel gegebenen Aussage auch einen eignen, characteristischen Ausdruck, und wie sie, als durch die Entwicklung der Lautgesetze die latein. Casus im wesentlichen nur in einer einzigen Form fortbestehen konnten, durch Praepositionen die verlorenen Elemente der Unterscheidung ersetzte, so verwandte sie, um die verschiedenen Verhältnisse der ganzen Sätze zu einander dentlich kundzugeben, besondere Liebe auf den Ausbau ihrer Conjunctionen. Wenigstens das Altfranzösische; denn, wie sich aus Stimmings Angaben, Zeitschr. I 220 f., ersehen lässt, zeigt bereits Commines die in Rede stehende absolute Construction häufiger, und das Mittelfranzösische räumte ihr ein bedeutendes Terrain ein, wobei die Studien der Humanistenzeit von entschiedenem Einfluss gewesen sind (cf. Diez III 266; Mätzner, Gr. 368 u. 432; Lücking §§ 349, 3 u. 4: 360, 3 u. 4). Die Autoren dieser Uebergangsperiode liebea die absolute Satzbildung namentlich in Verbindung mit der latein. so geläufigen relativen Anknüpfung, vgl. Gessner, vom fz. Pronomen II. Theil p. 8. Im Afz. zeigt sich diese Art des absoluten Accus. am häufigsten in gewissen Formeln des Kanzleistils, wo ebenfalls lateinisch-gelehrter Einfluss sich unstreitig geltend machte, oder in Uebersetzungen lateinischer Originale. Die volkstümlichen Dichtungen scheinen derselben fast ganz zu entbehren; ebenso geben die hauptsächlichsten geschichtlichen Prosawerke des Afz. nur geringe Ausbeute an hierhergehörigen Citaten. In merkwürdigem Contrast steht deshalb in stilistischer Beziehung Villehardouins „Conqueste de Constantinople" zu der Uebersetzung von Ducange, welcher letztere in sehr reichem Maasse die absolute Participialconstruction anwendet und damit allerdings häufig der durch gleichmässige Satzbildung monoton werdenden Erzählung des Chronisten mehr Frische der Darstellung verleiht, häufig aber auch durch allzu forcirten Gebrauch derselben, namentlich auch in latinisirender Weise mit relativischer Anknüpfung eines Satzes an den vorhergehenden, ihre stilistischen Vortheile annullirt. — Im Einzelnen ergiebt sich nun folgendes. Wie bereits gesagt, drückt der hier vorliegende absol. Accus. im Afz. wesentlich temporale Beziehungen aus. Die Zeitbestimmung wird gegeben durch Bezeichnung des Verhältnisses der Thätigkeit des Hauptsatzes zu dem Verlaufe der Tages- und Jahreszeiten, oder indem man die Haupthandlung im Verhältnis anschaut zu einer anderen bereits geschehenen oder eben geschehenden Handlung. Deshalb sind für diese Construction die beiden Participien als praedicative Bestimmungen besonders geeignet; wo hingegen die letzteren durch Adjectiva oder Substantiva gegeben werden, ist Gleichzeitigkeit zwischen den beiden Aussagen anzunehmen.

a. Die praedicative Bestimmung ist ein Participium Praesentis.

fu devisé, que li noviaus empercre seroit encorouez a la feste monseignor Saint Pierre entrant August, Villeh. 100; Ce fut fait . . le venredi denant le fieste St.-Pierre aoust entrant, Taill. Actes 13; id. eb. 143; 159: 160; 182; On fait le ban que toutes les trives . . soient ausi fermes . . dusques au jor saint Jehan et le jor toutejor et dusques a lendemain solel levant, que se eles estoient prises et fiancies tout nouvielement . ., Taill. Actes 222.

Häufig begegnen Formeln mit den Participien von oir und veoir. Dieselben bilden zunächst vollständige Participialconstructionen: doch lässt sich die Congruenz beider Bestandtheile nur an einem Plural mit Sicherheit darthun.

„A traitur,“ font il, „nus oianz, le tenez!“ Meyer, Rec. 309, 165. — ueanz toz serat trebuchiez, Job (ed. Foerster) 344, 22; Auint une mult merueilhouse chose, eaz toz neanz == cunctis uidentibus, Dial. Greg. 145, 15; 157, 16; jura le siege à sept ans, veanz ceus de Vernon à cui il pesa mout, Men. Reims 257; li eschevin les depecierent (les lettres) veanz touz ceus qui là estoient, eb. 313; jura li rois, leur ieus veanz, eb. 333.

Viel öfter aber erscheinen sie in der Gerundialform.

tu es mal enseigniez Qui me dis honte oiant mes chevaliers, Cor. Lo. 1830; Nis le jur de Noel li ol um gehir, Oiant plusurs qu'i erent . ., Meyer, Rec. 313, 267; 313, 262; Le seignor del chastel meisme

Apele oiant toz, Ch. lyon 4027. — La nos besames voiant cent chevaliers, Cor. Lo. 2121; Voiant lor eaz abati lor seignor, Charr. Nym. 200; „Or estes vus mis hoem, veant trestuz les voz," Karls R. 803; Floire à le main prist, voiant tous, Fl. u. Bl. 3110; nos vos en semmonons voiant toz vos barons, Villeh. 112.

Wie weit die verbale Geltung dieser Gerundien dem Bewusstsein der Sprache bei dem sehr ausgedehnten Gebrauche derselben noch fühlbar war, ist nicht zu ersehen. Scheler, zu J. Cond. XXXVIII 146, bezeichnet voiant als „préposition participiale comme non-obstant, joignant, durant." Es lässt sich dabei auch hinweisen auf die archaistische praepositionale Verwendung lateinischer Participia verwandter Bedeutung, nämlich praesente und absente (cf. Draeger II 818). Jedoch können sowol diese, als auch jene franz. Gerundien ihren Platz hinter dem Substantiv nehmen, was wiederum vermuten lässt, dass der Redende sich dann der eigentlich absoluten Construction völlig bewusst war. (Gleiches geschieht bisweilen mit dem nfz. durant, s. u.) Vgl. Tout li oisel de France, mès iex voiant, Venoient contre lui, Aiol 369.

Diese absoluten Casus konnten auch mit einer Praepos. verbunden werden, wodurch aber das Particip nichts von seiner praedicativen Natur einbüsst (s. u.): il benit (l'aigue) denant eaz toz ueanz = cunctis uidentibus, Dial. Greg. 180, 16; 236, 22.

Trotz der grossen Beliebtheit der obigen Formeln wurden entsprechende latein. Wendungen durch Uebersetzer manchmal geändert: nunciérent cele male nuvele. Cum ço oïd li poples, forment s'en plainst e plurad = locuti sunt verba haec, audiente populo: et levavit omnis populus vocem suam et flevit, L. Rois 36; l'um list devant tuz les paroles del livre = legitque cunctis audientibus omnia verba libri, eb. 425.

Endlich finden sich jene Gerundien auch substantivisch, verbunden mit dem Possessivum, so dass die dann entstehenden Compositionen zu den oben besprochenen modalen Accusativen zu stellen sind: E lor redent montet en cel, Pass. 118 a: Desfi les en, sire, vostre veiant, Rol. 287: Les serremenz . . Li feis sor les saintuaires De ta main destre, mun veiant, Ben. 14528 (cit. Burg. II 296).

Im Nfz. ist von dieser formelhaften Verwendung der Gerundien oyant und voyant nichts übrig geblieben. Dagegen besitzt nun das Nfz. eine Reihe von Participien, die völlig zu Praepositionen erstarrt sind. Von diesen scheinen durant und pendant am weitesten zurückzureichen; auch suivant ist aus dem 13. Jahrh. zu belegen: Gras de Bethune etc. ont werpi et clame cuite a Jakemon Doucet IV men-

candees et demi d'avoine, ke il disoient kil avoient sour le mes
Jakemon devant dit de rente par an, qui siet a Demevencort, suivant
le droit jugement deschevins, Taill. Actes 233 (Urk. v. 1259); ebenso
joignant (s. Littré): nonobstant zeigt sich nach Littré zuerst im 14.,
moyennant und touchant im 15. Jahrh., über attenant und concernant
ist mir nichts Einschlägiges bekannt. Ueber die bei Commines sich
findenden Partic dieser Art s. Stimming, Zeitschr. I 208. Ausser
durant und pendant sind wol diese praepositionalen Participien zunächst in der Gerichtssprache heimisch; nonobstant zeigt schon
äusserlich seinen unvolkstümlichen Ursprung. Touchant, concernant,
suivant machen in vielen Fällen den Eindruck, als ständen sie im
Sinne von Partic. Praesentis Passivi, indem das begleitende Substantiv
nicht dasjenige Seiende giebt, welches die Thätigkeit vollzieht, sondern
das, an dem sie vollzogen wird (s. Tobler, Zeitschr. I 17 ff.). Aber
Lücking. § 363 b. Anm., hat wol mit Recht behauptet, dass die absolute Verwendung dieser drei Participien erst eine secundäre und
hervorgegangen ist aus der attributiven und praedicativen (wie
es z. B. auch mit der nfz. Formel „chemin faisant" der Fall
sein dürfte).

Das Afz. betreffend ist noch Folgendes anzuführen:

durant als wirkliches Partic. behandelt und dem Substantiv
folgend; letzteres noch nfz. zuweilen (Mätzner, Gr. 399; Lücking
§ 361).

nous .. devons avoir, le fieste et le paiement durans ensi, ..
la moitie de toutes assises, Taill. Actes 266 (Urk. v. 1265); se li
termes ne quay pas le bail durant .., Beaum. XV 26; mais que ce
soit avant que le coze ait esté tenue an et jor, le tans du pere ou
du fil durant, eb. XVI 1.

Auch hier steht oft zum Ueberflusse noch eine Praeposition:
Uns chevaliers et une dame, en lor mariage durant, acceterent un fief
en l'eritage du chevalier, Beaum. XIV 20.

Doch begegnet durant schon ganz dem nfz. Gebrauche analog:
durant les foires Saint-Germain-des Prez et Saint-Ladre, on paie ..,
Liv. mét. 341; durant les dites foires, eb.; durant ces dis anz il ne
pourra prendre autre aprentiz, eb. 358.

Wie bei den meisten der obengenannten „Praepositionen" das
Subject der absoluten Construction auch durch den Inhalt eines ganzen
Satzes. welcher mit que eingeleitet wird, repräsentirt werden kann
(moyennant que, nonobstant que schon bei Commines, s. Zeitschr. I
213; ebenso cependant que, eb. I 507), so hat das Nfz. auch durant
que als „Conjunction". Dieselbe liegt aber nicht vor in dem von

Littré, durant 3, dafür gegebenen Belege, dass durant von dem que durch einige eingeschobene Worte getrennt werden könne. Denn in: Durant près do vingt ans que ce professeur a enseigné la grammaire — ist durant Praeposition und que relatives Adverb, auf vingt ans bezüglich.

pendant ist auch absolutes Particip in dem nfz. cependant; vgl. nous en irons, fist îl, tout ce pendant, aussi comme se nous devicns aler vers Damas, Joinv. 388 a. Cependant que als Conjunction gilt jetzt für veraltet. An sich wäre diese Verwendung wol möglich und zu rechtfertigen, wenn man nämlich das ce als auf den folgenden que-Satz vorbereitend ansieht, während es in dem Adverb cependant auf Vorhergehendes zurückweist. Dennoch ist cependant que viel getadelt worden, so namentlich von Vaugelas (Remarques ed. Chassang 1 358 u. II 207).

Von en begleitet erscheint der mit pendant gebildete absolute Casus analog dem von durant: qui apeleroit en cel delai pendant, il. n'aroit pas bon apel, Beaum. LXV 5.

b. Die praedicative Bestimmung ist ein Partic. Perf.

quant je arrivai en Cypre, il ne me fu demourei de remenant que douze vins livres de tournois, ma nef pale, Joinv. 90 d; Il se trairent à le cort de Crestienté e monstrèrent comment ele avoit esté decene en depecier le mariage; et le cors, le deceuance conneue, rapela le sentence que ele avoit donée contre le mariage, Beauman. XVIII 18; Les II tonniaus venduz, il puet avoir 1 tonniau de vin ou II pour ses hostes tant seulement, Liv. mét. 353; La dite sédule lene au commun desus dit . . il affermèrent . . que . ., eb. 395; nous . . deisnies nostre dit en la manière qui s'ensuit: c'est assavoir que la dite lettre . . sera tenue et gardée. Ce adjousté, que les dits varlets venront tous les jours ouvrables . ., eb. 399. In der Stelle: .XXX. mil saudoiiers arez ung an passe, Paiianz (Zeitschr. I 21) de mez deniers, H. Cap. p. 183, hat der absol. Casus eine ungewöhnliche Anwendung; er kann bei dem Futur nur bedeuten: so lange bis ein Jahr verflossen ist.

Ihre grösste Blüte hat diese Construction im Kanzleistil. In den absoluten Casus werden am Beginne einer Verordnung (meist nach Nennung des Beschliessenden) der Reihe nach Thatsachen gegeben, welche zur Motivirung derselben dienen sollen; je zahlreicher diese Praemissen sind, um so mehr Nachdruck liegt dann auf dem Verbum finitum „ordonnons" oder „avons establi", womit der eigentliche Text des Erlasses einsetzt. Reich an Belegen hierfür ist das Livre des Métiers.

ceste suplication reçue, deliberation eue, .. li prévos s'acorda à la dite suplication .., Liv. mét. 387; nous, lour requeste oye. . leur avons otroié leur requeste, eb. 361: ebenso: leur suplication oïe, eb. 375 u. 409: nous, oïe la requeste et la supplication du conmun desus dit, .. meismes en ces lettres le seel de la prevosté de Paris, eb. 396; Nous Guillc Thibout, prevost de Paris, oyes et diligenment entendues leur resons, ... eu en sus le conseil de sages homes, ordenasme[s] que .., eb. 412: cf. eb. 421; nous, vene leur suplicacion, et seu et entendu que leur requeste estoit bonne .., nous otroions .., eb. 417.

Aber schon hier müssen wir bemerken, dass ein Gebrauch Wurzel fasst, welcher für gewisse, unten zu nennende, nfz. Participien Regel geworden, dass nämlich die Part., welche ihren Beziehungsworten vorangehen, auf das Geschlecht oder die Zahl derselben keine Rücksicht nehmen, sondern in unveränderter Form, gleich Adverbien oder Praepositionen auftreten. Es ist dies in den absoluten Constructionen ein durchgehender Zug, dem sich auch in dieser absoluten Weise verwandte Adjectiva fügen müssen, und dem wol auch témoin in dem besprochenen absoluten Gebrauche seine Unveränderlichkeit im Nfz. zu danken hat. Ursprünglich existirt er aber in der nfz. Consequenz nicht, und erst mit der sich herausbildenden Abneigung, das Part. Perf. des Verbums finitum mit noch ungenanntem Object congruiren zu lassen, wird sich auch in den vorliegenden Fällen der gleiche Gebrauch eingebürgert haben.

Li diz prevost et eschevins, en sur ce grant délibéracion et conseil de sages, distrent .. que .., Liv. mét. 454; Veue la deposicion d'aucuns tesmoins .. et veu les us et coutumes de la dite marchandise, deimes et prononçames .., eb. 457.

Ausser vu, ouï, entendu, eu, welche wir in den obigen Citaten meist noch in vollständiger Congruenz mit ihrem folgenden sowol als mit ihrem vorangehenden Subjecte figuriren sahen, hat das Nfz. folgende Participien, die es nach den angegebenen Rücksichten entweder veränderlich oder unveränderlich sein lässt: excepté, réservé (cf. Vaugelas, Rem. II 348 u. 386; z. B. avoient laissié en leurs logis ce de harnas que ilz avoient, malles, lits, .., reservé leur armures, chevaulx, .. B. Chrest.³ 427, 40), passé, compris, supposé, approuvé, attendu, ci-joint, ci-inclus; diesen schliesst sich das nicht mehr als Particip empfundene rez (rasum) in: rez terre an. Hormis ist vollständig Praepos. geworden und kann dem Subst. nie folgen.

Wenn das von den Partic. bestimmt Seiende durch den Inhalt eines
ganzen Satzes gegeben wird, so entstehen die entsprechenden „Conjunctionen“: vu que, bien entendu que, excepté que, hormis que
supposé que, attendu que, ferner in analoger Bildung, posé que, pourvu
que, (bei Commines, s. Zeitschr. I 213) und joint que (Littré, joint
6; Zeitschr. I 507). Für das Nfz ist zu vgl. Mätzner, Gr. 433;
Lücking §§ 350 u. 349, 2 Anm.

Was das Afz. angeht, so sind mir nur excepté und hormis (afz
noch getrennt: hors mis od. mis hors) mit ihrem Subject congruirend
begegnet. Stimming belegt aus Commines considéré*), excepté u. vu
je nach dem Genus u. Numerus des folgenden Substantivs flectirend
(Zeitschr. I 208).

excepté: por acheter le mestier, saura l'en lesquiex doivent
estre mestres, exceptez et mis hors les fiuz des mestres fourbeeurs . .,
Liv. mét. 365; les chapelliers de Paris peuent mettre en leur cha-
pias autres que noirs, de quelque colour qu'il soit, . . exceptez les
noirs chapiaus, apparoil raisonnable . ., eb. 249 Anm.; daneben aber
findet sich schon der nfz. Regel entsprechend: les pelletiers, espiciers,
etc. ne peuent vendre leur marchandise à Paris durant la dite foire . .
excepté ceulx qui sont demonrans ès terres franches . ., eb. 442.

hormis: Nuz ne peut estre talemeliers dedans la banliue de
Paris . . se il ne demeure à Saint-Marchel . . ou en la terre du
chapitre Nostre-Dame de Paris . ., hors mise la terre Saint-Magloire . .,
Liv. mét. 4; Li eschevin ont la jonstice de touz les crieeurs de toutes
choses fors mise la justice de propriété et de sanc, eb. 26; Nus
cordier[s] ne puet ne ne doit nule corde faire de quelque manière
que èle soit, que èle ne soit faite tout[e] de une étoffe . . hors mises
les cordes que on fait de poil, eb. 41. Vgl. dagegen: . . horsmis tant
seulement les amendes faites des vesprées, eb. 61. Auffällig ist das
Fem. in der Stelle: se il (li çavetonnier) ne vendent ne achatent
aucune chose en ces foires, il ne doi[ven]t rien fors mise tant seulement
en la foire Saint-Ladre devant dite, Liv. mét. 232. —

Viel beliebter als der absolute Casus, durch welchen eine Handlung ausgedrückt wird, in Bezug auf welche die des Verbums finitum
als gleichzeitig, früher oder später geschehend hingestellt werden soll,
ist für diesen Zweck eine andere Construction, welche Tobler, Zeitschr.
II 557 ff., besprochen und erklärt hat. Dieselbe besteht aus einem
mit einer Praeposition verbundenen Substantiv, welchem in einem

---

*) Ob considéré gleichfalls in obige Reihe zu stellen, weiss ich nicht.
Littré giebt nichts darüber.

praedicativen Particip die in Betracht kommende Art seiner Thätigkeit beigegeben wird. Es mögen hier noch einige Belege ihre Stelle
finden. Vgl. auch Draeger II 788.

Li matins fu biels apres le soleil un poi levant, Villeh. 82; a
soleil levant, Joinv. 176 c; au soleil levant, eb. 244 c; dès le soleil
levant. eb. 244 f; devant solel levant, Taill. Actes 410; au soleil
couchant, Joinv. 162 c; entour soleil conchant, eb. 248 c: jusques à
soleil conchant, eb. 244 g; puis solel coukant, Taill. Actes 410;
dedens solel enconssant, eb. 454; puis vespres sonans, puis complie
sonant, Liv. mét. 48: devant le fieste entrant et puis le fieste et
les paiemens fallans, nos ne poons . . prenre tonliu, Taill. Actes
266; Li uns (amans), en son desir venant, De hardi cuer son cou-
venant Dist à sa dame, J. Cond. I 298, 40. — Einçois le vespre ne
le soleill couchié. Cor. Lo. 2557; devant prime sonnée, Liv. mét.
353; depuis solel esconsse, Taill. Actes 454; puis lan passe, eb. 462:
fac me devise en tel maniere apres mes detes paiees tout avant et
mes forfais amendes de mes plus parans meubles . ., eb. 280; après
saisine fete, Beauman. XXVII 7; ains leur servise parfet, Liv. mét.
71: ainz son terme acompli, eb. 93.

Dass auch lat. Ablat. absol. in dieser Construction wiedergege-
geben werden, zeugt für ihre grosse Geläufigkeit: Iccstni (Seneir) uns
peres de maihnies . . rouat ke il . . proiast por ses pechiez, par ke
il apres faite penitance de ses mals, desloiez de culpe eisteroit del
cors . . -- . . nt acta de malis suis poenitentia solutus culpa ex cor-
pore exiret, Dial. Greg. 50, 12: quant a houre stablie apres fincie
la psalmodie li frere soi donassent en orison = Cum . . constituta
hora expleta psalmodia sese fratres in orationem dedissent . .,
eb. 65, 16.

Wir hatten oben, pp. 57, 58, 59 bereits mehrere Beispiele gefunden, in denen die praepositionalen Participialconstructionen den absoluten gegenüber die seltneren waren. Sind nun diese, denen sich
auch noch einige der letztgenannten Belege anschliessen könnten, da
wenigstens analoge absolute Wendungen ebenfalls vorkommen, ohne
weiteres in eine Linie zu stellen mit jenen Formeln, die fast nur mit
Praepos. gebraucht zu werden scheinen? Sollte nicht hier wenigstens
jene Erklärung am Platze sein, welche Tobler für die letzteren zurückweist, dass der absoluten Wendung als einem Ganzen zur näheren
Bestimmung des Zeitverhältnisses zwischen ihrem Inhalt und dem des
Hauptsatzes die Praepositionen beigefügt worden sind? Aber die
beiden hier aufgestellten Kategorieen der praepositionalen Participialconstruction sind schwerlich von einander zu trennen, und der Rück-

— 63 —

blick auf das Latein. spricht für die Annahme der Tobler'schen Erklärung in beiden Fällen. —

Von besonderem Interesse für den Gebrauch der absoluten Participialconstruction im Afz. sind Uebersetzungen lateinischer Schriften. Sclavisch sich an den Text des Originals haltende Uebersetzer bilden auch, so weit es irgend angeht, den im Lat. so sehr gebräuchlichen Abl. absol. im Afz. getreulich nach; ebensowenig wie man diese Art von Uebersetzungen aber für die Darstellung der Regeln der afz. Wortstellung verwenden dürfte, kann man aus ihnen Schlüsse ziehen auf die Geläufigkeit des absoluten Cas. obl. oder gar des Accus. cum Inf. im Afz.. Ein solches Denkmal sind z. B. die Dialoge Gregors, welche Foerster, Vorrede p. XI, mit Recht „eine für die afz. Syntax gar trübe Quelle" nennt. Selbständiger stellte sich der Uebersetzer der Bücher der Könige seiner Vorlage gegenüber, und hier wird es wieder interessant sein, den verschiedenen Wegen nachzugehen, welche er zur freien Wiedergabe der latein. Lieblingsconstruction in seiner Muttersprache verfolgte. Uebrigens geben auch hierfür die Dialoge Gregors reichliche Beiträge. Doch wird diese Umwandlung durchaus nicht nach bestimmten Principien und oft da vorgenommen, wo auch das Franz. sehr gut die absolute Form der Aussage ertragen hätte.

Zunächst einige Beispiele der wörtlichen Uebernahme latein. Wendungen ins Franz..

Part. Praes.

Ge ne doi pas taisir ce ke ie sai de cest homme, racontant lo tres redotable Valencinien ki jadiz fut mes abes = Silere non debeo, quod de hoc uiro abbate quondam meo reuerentissimo Valentino narrante agnoui, Dial. Greg. 24, 24; Se ge soules les choses . . reconte, cui ge uns hommeleiz des parfiz et des aloseiz hommes ai conues, u tesmoianz les bons et les feoz hommes, u cui ge apris . . = Si sola . . referam quae de perfectis . . uiris . ., uel bonis ac fidelibus uiris attestantibus, agnoui, uel . ., eb. 7, 9; moi souient auoir raconteit une chose, a cui Speciorus mes comprestes . . moi racontaut donat tesmoin = cui Speciosus . . me narraute attestatus est, eb. 213, 15; la trouat lui defailhant les antiquaires escrisanz = ibique absente illo antiquarios scribentes repperit, eb. 21, 22; Li queiz uenant lo mal del cors meisme ia auesprissant lo tressaint sethmedi de la paske fut mors = qui eueniente molestia corporis, ipso sacratissimo uesperascente iam Sabbato paschali, defunctus est, eb. 47, 25.

Part. Perf.

manes neit lo conseilh eissirent auoc son cors . . = repente orto consilio exeuntes cum eius funere . ., Dial. Greg. 226, 8; Ge

sai ke ce ne toi at pas mestier, ke tu t'en uas moi contristcit =
Scio quia tibi non expedit quod me contristato discedis, eb. 46, 17;
cant li hom deu faite l'orisou empressat as ocz de celui l'ensenge de
la croiz, enhelement rendue la lumiere s'en alat de ses oez la nuiz
d'auogletcit = cum uir Dei oratione facta oculis eius signum crucis
imprimeret, ab eis, protinus luce reddita, nox caecitatis abscessit,
eb. 44. 20; quant moi souient de ma promiere uie, alsi com meneiz
mes oez derriere mon dos ucue la riue sospire = cum prioris uitae
recolo, quasi post tergum ductis ocnlis uiso litore suspiro, eb. 6, 10.

Diesem latinisireuden Stile gegenüber werden Umbildungen lat.
Abl. absol. mit folgenden Mitteln bewerkstelligt.

1. durch Auflösung derselben in conjunctionale Sätze.

quaut li soleilz lieved par matin = oriente sole, L. Rois 211;
orat cant tnit fureut cissut fors = cunctisque egredieutibus orauit,
Dial. Greg. 30, 24: Gieres quaut cil ses nierz ne fut pas presenz,
dunkes uint il a la huige = Absente igitur codem nepote suo . .,
eb. 38, 1. — quant passée fud la plainte, David la mandad si la
prist a femme = transacto autem luctu, misit D. . ., L. Rois 157;
Cum cil fud del chemin remuez, tuz li poples sewid Joab = Amoto
ergo illo de via, transibat omnis vir sequens J., eb. 199. Gieres
cant paremplies fureut les hymnes matinciles, dunkes uint Libertius =
Expletis igitur hymnis matutinalibus, L. . . uenit, Dial. Greg. 14, 7;
Li queiz cant ses espirs fut humiliez, manes corut az genoz d'E-
quice = Qui humiliato mox spiritu ad eius genua cucurrit, eb. 23,
2; Quant ce fut fait, dunkes auint ke . . = quo facto contigit . .,
eb. 102, 21.

. Während in deu bisherigen Probeu das grammatische Subject
der absol. Construction Subject des conjunctionalen Satzes ward, tritt
in deu folgenden als Subject des letzteren das handelnde Subject der
ersteren auf, welches meist auch Subject des lat. Verb. fin., und (wenn
nicht eine noch freiere Umgestaltung erfolgt) das grammatische
Subject derselben wird zum Object des sich nun in einem Verb. fin.
darstellenden Thätigkeitsbegriffes des lat. absol. Abl.

Cum il fureut asemblé, le pople de Israel tost turnad à fuie =
Inito autem certamine terga vertit Israel . ., L. Rois 14; puis que
il oureut tute la terre avirunée . . vindrent en Jerusalem = lustrata
universa terra affueruut . . in J., eb. 216; Quant il cez choses ot
dit, manes soi donat en orison = Quibus dictis protinus se in orationem dedit, Dial. Greg. 11, 9; Quant ce ot oit li sainz hom, si
rist = Quo audito uir sanctus . . subrisit, eb. 18, 18; toi siurai

quant ge aurai l'ocure emplie == opere expleto te subsequor, eb.
22, 12.

Durch ungeschickte Anwendnng dieser Auflösung verfiel der
Uebersetzer der Dialoge oft in den entgegengesetzten Fehler, indem
sich dann bei ihm die gleich gebanten Conjunctionalsätze häuften.
cant il ot parfait les sollempnitei z des messes, quant il astoit
nennz a la table .. manes estint denant l'nis uns hom .. =- Peractis
igitur missarom solenniis, cum ad praedicti Fortunati uenisset
mensam ... Dial. Greg. 36, 21; Quant li rois cez choses ot oies, il
nnlt espowenteiz, quant il ot demandeie l'orison, si s'en ralat == Quibus
auditis rex nehementer territus, oratione petita recessit, eb. 79, 11.
Die Unbehülflichkeit des Uebersetzers der latein, relativen Anknüpfung gegenüber rief in dem franz. Texte auch ungewöhnliche
Anakoluthe hervor: Li qneiz cant il s'en fut aleiz, si auint chose ..
— qno discedente contigit .., Dial. Greg. 18. 6.
2. durch Coordination der im absol. Ablat. und im Verb. fin. ausgedrückten Thätigkeiten: eine Bezeichnung des temporalen Verhältnisses beider erfolgt dann nicht.
e chascuns saisid sun cunpaignun par les chevols e nafrad a
mort = apprehensoque unusquisque capite comparis sui, defixit gladium
in latus contrarii, L. Rois 126; Firent un tur entur Beteron e vindrent
à lur recet = Lustrata omni Bethhoron venerunt ad castra, eb. 127;
Prist de ses chevaliers mil e set cenz et vint milie de gelde; trenchad
les garez des chevals ki traistrent les curres = captis David ex parte
ejus mille septingentis equitibus .. subnervavit omnes jugales curruum,
eb. 147; Dunkes entrerent en conseilh sei parent .. si amenerent ..
== Tunc inito consilio parentes eius .. duxerunt .., Dial. Greg. 43, 3.
Noch freiere Umgestaltung: feissent dous humes avant venir ki
Naboth acusassent = adductis duobus viris .. fecerunt eos sedere
contra cum, L. Rois 331.
3. durch Anwendung von Praepositionen, die dem Subject des Abl.
abs. beigegeben werden. Das praedicative Partic. kann bleiben,
und es entstehen dann Wendungen analog den p. 61 ff. besprochenen, oder es wird in einen Relativsatz aufgelöst.
Del queil homme ge sai encor un altre miracle par racontant
Venance le ueske Lunense = De quo etiam uiro aliud quoque mira-
culum Venantio Lunensi episcopo narrante cognoui, Dial. Greg.
128, 6. — il par la cariteit ki lo destrainst achatat ce ke il n'auoit
pas mestier = caritate cogente emit quod necessarium non habebat,
eb. 45, 12; uint a moi ciz meismes honorables Maximiens par cariteit qni ce demandoit = caritate exigente, eb. 178, 10.

c. Die praedicative Bestimmung ist ein Adjectivum.

.. s'il li eussent dit vilonnie en son siége ou fait à un autre présent le mestre, .. Liv. mét. 15; les parties présentes en jugement par devant nous .. provocasmes que .., eb. 421. Vgl. dagegen: pur ço vinc parler a tei, mun seignur, ceste parole devant le pople = nunc igitur veni ut loquar ad dominum meum regem verbum hoc, praesente populo, I. Rois 169. — Auch im nfz. juristischen Stile ist diese Formel noch geläufig, cf. Littré, 1. présent 1.

Im Nfz. zur Praeposition erstarrt ist sauf (cf. Lücking § 194, 3 Anm. 1; den analogen Gebrauch von lat. salvus s. bei Draeger II 805); das Afz. zeigt dasselbe noch in vollständig adjectivischer Geltung.

Ensi fu la ville rendue en la merci le duc de Venise, sals lor cors (vies sauves néantmoins aux habitans, Ducange), Villeh. 43; jou Annies devant nomee ai fait et fac ce testament, sans les drois de le ville, Taill. Actes 9; Li houme de le prosie saint Brisse doivent estre de le commungne de Tornai .. saufs les houmes del Bruilie = exceptis hominibus de Brolio, eb. 498; vint à sa merci, sans les despens le roi et sa conqueste, Men. Reims 366; comment ke mesfais soie, A nous me renc, sauue ma uie Et mon cors, Ch. II esp. 11495; Lors dona li marchis Bonifaces a Geoffroi de Ville-Hardoin .. la cité de Messinople .. et cil en fu ses hom liges, sauve la fealté l'empereor, Villeh. 255; bien le porra faire (sc. le pais) sans perdre membre, sauve no droiture de LX lib., Taill. Actes 48; Maistres Roberz, sauve vostre grace, je ne faiz mie à blasmer, Joinv. 22 f; quand il vint la, si li fu rendu (Bochedelion) salves les vies a cels qui dedenz estoient, Villeh. 131; chascuns hom loiaus .. puet entrer en le commugne sil veut; mais ke il warge les accoustumanches de le commugne, salves nos rentes et nos deniers, Taill. Actes 50.

Seltner findet es sich hinter dem Substantiv: li devant dit home paieront a mi u a mes hoirs cascun an au Nouel un mui davaine ale grande mesure de Saint Pol, sauves toutes mes rentes et sauf men droit et toute me justice sauve, Taill. Actes 83; se je le vous povoys dire mon honneur sauve, voulentiers le vous diroye, B. Chrest.² 485, 41.

Wie sich aus Littré, sauf Hist., ergiebt, flectirt noch Rabelais sauf vor dem Subst. — Aber neben diesem rein adjectivischen Gebrauch findet sich schon afz. der praepositionale, oft in denselben Urkunden:

sera se personne a le volente du seigneur sauf les membres,

Taill. Actes 57; en aprez jou leur recognois que tous les bans ..
eschevin(s) les pevent muer .. sauf les bans qui sont en le charte ..
--- salvis bannis .., eb. 390; sauf no droiture, eb. 50; li homs en
liretage de le feme nient i retenra, ne li feme en liretage
de sen mari(s), fors le doaire, sauf necquedans de lun et
de lant[re] les meules en le terre cultive[e] de cest an, eb. 12;
sauf a nous nos rentes et nos fourfais et le justice del liu, eb. 42;
sauf no[s] droitures, eb. 52.

Anffallend ist sauve vor männlichem Substantiv in den Sätzen
Li ll prendome .. doivent ravoir .. tout le coustement qu'il metent
pour garder le mestier devant dit, et en sont creu par le serment
qu'il ont fait, sauve le taxement au prevost de Paris, Liv. mét. 174;
id. eb. 215 u. 250; Sauves les avoirs et les cors, G. Guiart II
5319 (T.); Sanve mon serement, Baud. Seb. XI 652 (T.).

Sollte hier bei dem beginnenden Erstarren des Wortes eine Ver-
wirrung in Bezug anf die Flexion eingetreten sein? Dann würde
durch dieses sauve vielleicht auch das p. 61 citirte fors mise in Beziehung zu adverbial. Bestimmung eine grössere Bedeutung erhalten.
Aber grössere Wahrscheinlichkeit hat wol die Annahme für sich, dass
in jenen Stellen sauvé, sauvés zu lesen sei. Eine dritte Möglichkeit
wäre die, dass neben sauf sanve als richtige männl. Form bestanden
hätte, wie neben chauf chauve.

Dem nfz. sauf que entspricht afz. sauf ce que; jou Annies ..
fac ce testament ...sauf chou que jou en retieng le pooir de muer,
Taill. Actes 9; li eschevin de Douay doivent avoir lautre moitié contre
nous avoec le communité de le ville de Douay, sauf cou ke li
eschevin(s) .. doivent avoir .. tous les proufits des linaiges des
hales de le ville de Douay .. e sauf ce kil ne puent nullui deforans
destraindre de venir seoir es hales .., eb. 266.

présent und sauf finden sich auch bei Commines absolut, ersteres
auch seinem Subject folgend, letzteres mit dem seinigen bisweilen
congruirend, cf. Zeitschr. I 208; sauf que eb. 508.

Wol dem Lat. nachgebildet ist diejenige Ausdrucksweise, welche
man anwandte, um ein Sciendes als ein so und so vieltes der an
einer Handlung betheiligten Seienden zu bezeichnen und dadurch zugleich anzugeben, wieviel Seiende in Gemeinschaft mit jenem an der
Thätigkeit theilnehmen (Diez III 18; Mätzner, Gr. 489). Es geschieht dies durch einen absoluten Casus, dessen Subject ein Cas. obl.
des betonten Personalpronomens und dessen praedicative Bestimmung
ein Ordinalzahlwort ist; das Pron. kann sich sowol auf das Subject
als das Object des Hauptsatzes beziehen. Durch Beispiele der ersteren

5*

Art irregeführt, hat man wol in denselben schon im Afz. ein Ein-
dringen des Accus. des betonten Personalprou. in den Nominativ sehen
wollen, was N. de Wailly in seinem Mémoire sur la langue de Joinville (Bibl. de l'École des chartes, 1868 pag. 343) mit Recht zurückweist.

il sen purgera lui tierch, Taill. Actes 46: passames de là atont
vint chevaliers, dont il estoit li disiesme et je moy disiesme,*) Joinv.
74 f: si y alai, moy disiesme de chevaliers et moy tiers de banicres,
eb. 76 f: Tontes les fois que l'on crioit aus armes, je y envoioie
cinquante [et] quatre chevaliers que on appeloit diseniers, pour ce
que il estoient lour disiesmes, eb. 336 c. — je vous delivrerai vous
vintime de chevaliers, Men. Reims 47: fist Solehadins par sa cour-
toisie renvoier la dame, li disme de crestiens, eb. 211: Li roys le
retint, li disiesme de chevaliers, un an, Joinv. 330 a; Beispiele aus
Commines Zeitschr. I 500.

Wo der Nomin. des absoluten Pron. zu stehen hätte, dem alsdann die absolute Construction erläuternd beigegeben würde, kann
ersterer ausgelassen werden, so dass letztere selbst die Stellung eines
Subjects einnimmt: Or n'est que lui tierc demourés (vom Kampfe
übrig), J. Cond. I 228, 1887 (s. Schelers Anm.).

Dass statt des Ordinale auch das Cardinale vereinzelt in diesen
Verbindungen mit dem Personalpron. vorkommt, in welchen Fällen
die ursprüngliche Geltung der Construction völlig verdunkelt ist, hat
Tobler bemerkt zum Bast. de Buillon 5381, Gött. gel. Anz. 1877,
1626. —

Reiner Latinismus ist die absolute Construction in dem Satze:
Mais quant ia paisieble lo eage de la pense li chalres de temptation
s'eu serat aleiz = Cum nero iam mentis aetate tranquilla calor
recesserit tentationis, Dial. Greg. 60, 16.

d. Die praedicative Bestimmung ist ein Substantiv.

Im Lat. waren absolute Constructionen dieser Art bei weitem
häufiger als im Franz. (Draeger II 805). Sie finden sich hie und
da in der Juristensprache: Che fu fait lan M CC IIII XX et XVI,
le nuit saint Remy, Wille de Pontrohart, Jehan Vretet fil Allart,
Andrin le borgne et lenr compaignous eschevins adont, Taill. Actes 372.

*) Der Autor hätte sagen sollen: atout dis et huit chevaliers. —
Auch unlogische Ausdrucksweisen andrer Art werden bei dieser sehr
beliebten Construction angetroffen: (Guiteclins) Ou palais de Tremoigne
demenoit sa justise, Lui sisisme de rois qi li doivent servise, Ch. Sax.
I 91 (T.). G. war sich doch nicht selbst zu Dienst verpflichtet!

Dem gegenüber werden hierher gehörige latein. Wendungen in
franz. Uebersetzungen umgewandelt: il fut notaires de la sainte Ro-
maine glise, a cui ge serf par l'anteor deu = sanctae Romanae ecclesiae,
cui Deo auctore deservio, notarius fuit, Dial. Greg. 31, 11; id. eb.
233, 16; .. quelconques biens .. que Dieu procuraut vous poes
avoir .. = quaecunque bona .. auctore domino poteritis adipisci,
Taill. Actes 501.
Eine den oben angeführten lui tierc etc. entsprechende und wol
auch dem latein. Einfluss zu verdankende Ausdrucksweise, die namentlich in gerichtlichen Urkunden häufig wiederkehrt, ist ferner als Besonderheit hierherzuziehen: jurrad sei dudzime main que al hure qu'il
le plevi larrun nel sont, B. Chrest. 3 39, 12; purgier seu doit lui
tierce main — tertiâ manu suam faciet purgationem, Taill. Actes 492;
lui tiermain sen d(r)oit purgier chius ki accuseis en sera = tertiâ
manu se purgabit accusatus, eb. 493; li bourgois lui seule main doit
jurer, eb. 494; li chevaliers jurra lui tierce main de chevaliers quil
nient ne li doit — miles tertiâ manu militum se nihil et (l. ei) debere
juramento purgabit, eb. 494. In den entsprechenden latein. Stellen
ist der Ablat. tertia manu nicht praedicativ bei dem betreffenden
Pronomen, sondern erscheint als einfacher Modalablativ. Gleiches liegt
vor in: Saucuns ait ferut aucun .. et son ne troeve a veritet quil le
ferist, purgier sen doit le tierce main == tertiâ manu se purgare
debebit, Taill. Actes 491 (wenn nicht „lê“ zu corrigiren ist). Die
Umschreibung der Person mit main deutet darauf hin, dass die Formel
wol zunächst von der Handlung des Schwörens gebraucht wurde.
Dass nfz. témoin im Laufe seiner Entwicklung in gewissen Formeln
das Ansschen bekam, als wäre es gleichfalls praedicatives Substantiv
in einer absoluten Construction und demgemäss behandelt wurde, ist
pag. 45 erwähnt worden.
e. Ein adverbialer Ausdruck bildet die praedicative Bestimmung in dem nfz. Satze: Sérieusement, Roswein, et poésie à part,
voudriez-vous de ce bonheur-là aujourd'hui? Feuillet, Dalila I 5.
Afz. Belege für diesen Gebrauch von à part sind mir nicht begegnet. —
Mätzner, Gr. 368 und 433 rechnet zu den absoluten Constructionen
auch diejenige Ausdrucksweise, in welcher ein Substantiv oder Particip
alleinstehend auf ein Seiendes sich bezieht, das in irgend einer andern
Function als der des Subjects im Satze enthalten ist, vgl. z. B.
Enfant, tout lui cédoit, tout s'empressoit autour de lui, Rouss. Ém.
II. IV; afz. Et fait est, ke il par sis continueiz iors liez et segurs
sen aloit a la glise, aesmanz ke sa ielonie li sires u n'eust pas neue,

u neue merciablement l'eust pardonele, Dial. Greg. 236, 20*). Es ist dies, selbst wenu jenes Seiende erst aus einem Possessivpron. des Hauptsatzes herauszuschälen, sicher nur ein freier Gebrauch des appositiven Substantivs resp. Particips, wie es auch Lücking §§ 182, 351 u. 362 aufgefasst hat.

Ebenso ist wol weniger eine Erweiterung der Verwendung des absol. Partic. als eine Anakoluthie hervorgegangen aus seinem appositiven Gebrauch zu sehen in der Erscheinung, die von Diez III 272 (cf. auch Mätzner, Gr. 430, 433 [das Beispiel aus Dumas, welches fälschlich mit dem aus Massillon zusammengestellt ist], auch 436) erwähnt wird und darin besteht, dass das Particip isolirt auftritt und das von ihm praedicirte Subject entweder aus dem Vorhergehenden zu ersehen oder ein ganz allgemeines, unbestimmtes ist. Hierfür mangeln mir im Afz. die Beispiele.

Auch von der nfz. ganz geläufigen und in gewissen Fällen (s Diez III 270) dem einfachen Partic. Perf. vorgezogenen Verbindung desselben mit étant, sowie auch von dem mit ayant gebildeten activen Part. Perf. in absoluter Geltung scheint das Afz. wenig Gebrauch gemacht zu haben (s. Lücking § 356); mir liegen keine Proben dafür vor.

Schliesslich sei noch erwähnt, dass es dem Character des absoluten Casus, welcher eben darin besteht, einen Gedanken durch seine allernotwendigsten Elemente zum Ausdruck zu bringen, widerstrebt, wenn derselbe längere adverbiale Zusätze erhält. Das fühlte auch Anger, als er zu Molière, Dom Garcie de Navarre I, II 175: Mais, les peuples émus par cette violence Que vons a voulu faire une injuste puissance, Ce généreux vieillard a cru qu'il était temps D'éprouver le succès d'un espoir de . vingt ans — die Bemerkung machte: „Ordinairement cette tournure (le partic. absolu), qui a un caractère particulier de vivacité, ne comprend qu'un petit nombre de mots; ici elle renferme deux vers tout entiers."

---

*) In dem von Foerster abgedruckten lat. Texte findet sich nichts Entsprechendes: .. aestimans quod eius scelus Dominus aut non uidisset aut misericorditer dimisisset.

THESEN.

I.

Mätzner, Afz. Lieder XXXVIII 43 ist die Variante
„endoucist" in den Text zu setzen.

II.

Die von Lebinski, Dekl. der Subst. in der oïl-Sprache
p. 27, gegebene Erklärung der Stellen: jurent come pors u. ff.
ist nicht annehmbar.

III.

Die Erklärung von refrain aus refrangere in der Bedeutung
„wiederholt brechen" (Diez, Et. Wb.⁴ 266) ist unbefriedigend
und die Auffassung Schelers (Trouv. Belg. II 285), prov. refranh
sei Verbalsubst. zu refranher, ist zu bestreiten.

IV.

Leodeg. 27e: hor a perdud dom deu parlier ist deu als
debet zu fassen.

V.

Gessner, vom franz. Pron. II 17, stellt que deviendrai-je?
unrichtig mit que te faut-il? zusammen.

---

www.ingramcontent.com/pod-product-compliance
Lightning Source LLC
Chambersburg PA
CBHW021525270326
41930CB00008B/1093